文章表現のワークブック

山口 隆正
編著

鈴木 孝恵

福田 惠子

田中 洋子

松浦 光

樋渡 隆浩

秋山 智美

渡辺 陽子

中村 陽一

利根川 裕美

八千代出版

はじめに

　前書『文章表現の基礎技法』を 2017 年に発行してから、5 年の月日が経過しようとしています。今日まで、多くの方々が前書を使用してくださり、執筆者一同、衷心より御礼・感謝を申し上げます。

　この間、執筆者間で内容を再検討し、さらに、学内・外からのご指摘のあった箇所を踏まえ、このたび、新バージョン『文章表現のワークブック』としてお届けできることとなりました。今回は、前書に比べ、現場でご活躍の新進気鋭の先生方にも参画していただき、多くの意見を反映させ、出版に至りました。

　本書は、日本人学生および留学生対象の文章表現法等の授業に対応しうる内容になっています。

　全 15 章から構成され、第 1 章から第 7 章までの前半部分を基礎編とし、第 8 章から第 15 章までの後半部分を応用編としています。

　各章は［この章の目的］［キーワード］［問題］［章のポイント］から構成されています。授業では、［問題］［章のポイント］を解説し、さらに学習者のレベルに応じて［練習問題］をご利用いただき、各章での学習に役立ててくだされば幸いです。

　最後になりましたが、前回・今回と本書を出版するにあたり、八千代出版の森口恵美子社長、井上貴文氏には編集、校正時に多大なご助言をいただきました。重ねて厚くお礼申し上げる次第です。

2022 年春

山口　隆正

本書の使い方

■本書の対象

　本書は、大学生の初年度教育や入学前教育にも対応しています。

　対象は、主に以下を想定しています。

・大学に進学予定の高校生

・基礎的な日本語表現技術を身につけたい専門学校生、短大生、大学生（1〜2年次）

・より発展的な日本語表現技術獲得を目指す専門学校生、短大生、大学生（3〜4年次）

・専門学校、短期大学、大学に在籍する留学生（日本語能力試験1〜2級程度）

■本書の特長

・本書は授業でも活用できますが、独習でも使用できるように構成しています。［この章の目的］［キーワード］による導入→［問題］（各章ごとに問題数は多少あり）→解説しながら［章のポイント］の確認→巻末の［練習問題］という順で学習者の能動的な学びを可能にしました。文章表現能力の向上には実践的な演習が効果的です。

・［章のポイント］の確認により、その章の要点を確実に理解しやすくなっています。

・［問題］後に巻末の［練習問題］に取り組むことで、文章表現のトレーニングが段階的に進み、学習効果を確認できます。

・一章分が大学等における講義1コマに対応しています。学生にとって過度の負担がなく、集中して取り組めるような設計です。

■本書の使い方

・このテキストは本文と巻末の［練習問題］によって構成されています。まず、本文のテキストを読み進めてください。読み進めると［問題］があります。［問題］ではその章で必要な事項の確認をしてください。

・［問題］の中に［章のポイント］が出てきますので、その単元での重要項目として確認してください。

・各章において［問題］はいくつかありますが、全部取り組まなければいけないということはありません。問題が難しい、もしくは講義の進行上すべてできない場合には、適宜進めてください。また、章を最初から順を追って取り組むことで積み上げ式にスキルアップができますが、興味のある章を取り上げて学ぶことでも十分にレベルアップできるでしょう。

・各章の［練習問題］は、巻末に解答を添付してあります（解答のない問題もあります）ので個人学習用としても活用できます。また2人以上で取り組むとより効果的に楽しく学べる演習もありますので、授業以外に学生同士で学ぶ、という使い方もできます。

■**本書を教科書として利用される先生方に向けて**

　本書を教科書としてご採用くださる先生方には執筆者一同感謝いたします。本書は半期および通年での講義に使いやすいように執筆・構成しています。

　なお、対象となる学習者が日本人学生のほかに留学生もいるのではないでしょうか。その場合、日本人が習ってきた「国文法」と留学生のための「日本語教育」では文法上の名称が異なるため、混乱をきたす学習者がいるかもしれません。

　例えば、日本語教育では、動詞の場合、五段動詞は「グループ１」、上一段動詞と下一段動詞はまとめて「グループ２」、カ行変格動詞とサ行変格動詞はまとめて「グループ３」と言います。また、形容詞は「い形容詞」、形容動詞は「な形容詞」と言います。活用形の場合、連用形は「ます形」「て形」、終止形は「辞書形」などと言います。そこで、本書では日本語教育で扱う名称を（　　　）に入れて示すことにしました（☞第３章・第４章参照）。

【例】　五段動詞（グループ１）
　　　　上一段・下一段動詞（グループ２）　など

　また、本書は文章に関わるテキストであり、表記に関することについては第４章で扱いますが、それと並行して、表記に関する規則が示されている文化庁のホームページ「国語施策・日本語教育」をご確認いただければ幸いです。「現代仮名遣い」や「送り仮名の付け方」は、大変参考になります。

文化庁「国語施策・日本語教育」
　　https://www.bunka.go.jp/kokugo_nihongo/sisaku/joho/joho/kijun/naikaku/index.html

　本書が学習者の文章作成能力の向上に貢献できることを願ってやみません。
　また、本書について、忌憚のないご意見やご要望などをいただければ幸いです。

目　　次

第1章　自己紹介―初めての授業で―

＊＊**この章の目的**＊＊　自分のことを印象よく伝えられるようにしましょう。
＊＊　**キーワード**　＊＊　場面、具体性、話の流れ、ポジティブ、アクティブラーニング

問題1　「自己紹介」は初めて会う人などに自分のことを知ってもらうことです。
　では、授業に初めて出席して1分（200字）程度の自己紹介をする場合、次の①と②はどんな改善点があるか、考えましょう。

---

① 　政治学科1年の木村ヨシコです。趣味は旅行です。どうぞよろしくお願いします。

② 　佐藤ミチ、経営学科1年です。今、週3日、夜の7時から11時までコンビニでアルバイトをしています。レジ打ちをしたり、商品を並べたり、掃除をしたり、やることがたくさんあります。新商品や新サービスが頻繁に登場するし、チケット発券や宅配便の受け取りや公共料金の支払い受け付けなどの業務もあります。初心者向きのバイトと言われることも多いですが、ある程度能力がないとできません。店内にはさまざまな機械があるので、例えば、冷蔵機器の温度やコーヒーメーカーの豆が少なくなっていないかなど、一つひとつ点検方法もしっかり覚える必要があります。お客様の支払い方法も現金、カード、アプリなどいろいろで、機械の操作が分からないときには店員同士で教え合って連帯感も生まれます。一度は経験しても損はないと思います。

★章のポイント1　**場面に合った話題で具体的な自己紹介をする。**

　場面に合った話題を選び、長さにも注意して自分のことを話しましょう。具体的に伝えると印象に残り、共通の話題でほかの人と親しくなるきっかけにもなります。ただ、具体性があっても、その場の目的に合わないことを長々と伝えたら逆効果です。自分のことを知ってもらうために相手の立場から知りたい情報を想像し、分かりやすく伝える自己紹介は、社会的にも非常に重要で、周囲の人とのコミュニケーションの第一歩となります。なお、授業によっては「自己紹介カード」のような紙を渡されて書いて提出する場合もあります。

問題2 話の流れを考えましょう。授業に初めて出席して1分（200字）程度の自己紹介をする場合、次の①、②のa．〜f．はどの順番に並べたらいいでしょうか。

① はじめ → （　　）→（　　）→（　　）→（　　）→（　　）→（　　）→ おわり

> はじめ 林ハルキと申します。
> a．将来は、運輸関係の仕事をしたいので、この専門を選びましたが、
> b．O市は県の南部に位置し、自動車工業で有名です。
> c．××県のO市出身です。
> d．車に興味を持ちやすい環境で育ったためか、車の種類や名前がすぐに分かります。
> e．名前の漢字は太陽の「陽」、希望の「希」で「はるき」と読みます。
> f．まだ分からないことがたくさんあります。この授業で皆さんと一緒に学んでいきたいと思っていますので、
> おわり どうぞよろしくお願いします。

② はじめ → （　　）→（　　）→（　　）→（　　）→（　　）→（　　）→ おわり

> はじめ 国際コミュニケーション学科1年の田中太郎です。
> a．私は高校の夏休みに交換留学プログラムでカナダに2週間ホームステイをして、
> b．大学4年間では多くの人たちとの出会いも大事にするつもりですので、
> c．趣味は料理です。今、平日は勉強とサークルで忙しいので、
> d．短い間でしたが、異文化に触れ、
> e．週末にいろいろなレシピを見て作り置きをしています。
> f．もっと世界を知りたいという気持ちが強くなりました。それで、この学部を選びました。
> おわり どうぞよろしくお願いします。

★章のポイント2　話の流れを意識する。

　初めて出席する授業など、ほかの人に自分の名前を覚えてもらうためには伝え方の工夫が必要です。名前の次に紹介する項目としては、どのようなものがあるでしょうか。これまでの例では、出身地、趣味・特技・これまでがんばってきたこと、クラブ・部・サークル活動、その専門を選んだ理由・今後の希望などがありました。その項目の中からいくつかを選んでできるだけ関連性を持たせてつなぎ、挨拶をして終わります。なお、「こんにちは」や「はじめまして」などの挨拶は話が始めやすくなるので場面に応じて言うのは構いませんが、原稿には書かなくてもいいです。

問題3　初めての授業で30秒程度の自己紹介をする場合、次のように話したらどのような印象を受けますか。考えてみましょう（☞文体、話し言葉と書き言葉は第3章・第4章参照）。

① えーっと僕は……名前は山田ユウタです。商学部の1年生です。ラーメン大好き人間なので食べ歩きをよくしてます。最近、大学の近くのラーメン店に行きましたが、あれ、めっちゃまずいっす。行かないほうがいいですよ。あー、以上よろしくです。

② トミタ・ルリって言います。工学部1年です。私は今まで興味を持ったことはいっぱいありますが自分に合わないと忘れてしまうものもいっぱいで飽きっぽいです。今、大学のバドサーに入っています。あと、英語はダメですが、チャイ語に興味があります。どうぞよろしくお願いします。

★章のポイント3　前向きな表現を心がける。

　授業の場面で学習者が中心となって自由に意見を述べ合う活動が学生側に任されていても、カジュアルすぎる親しい友達同士の言葉遣いは避けましょう。一部の仲間にしか通じない略語も使わないほうがいいです。また、自分が関わる分野とは違う人がいるなら、専門用語などは分かりやすい言葉に言い換えましょう。

　マイナスイメージの言葉をプラスイメージに変える、自分の欠点を補うために努力していることなどを伝えるなどして前向きな姿勢を示しましょう。例えば「飽きっぽい」を「好奇心が強い」にし、「すぐに新しい興味が沸いてきてしまうことがよくあるが、継続力のなさは自覚しており、長続きするように努力している」というような表現にします。緊張しているとついネガティブな言葉が出てしまいがちなので気をつけましょう。

　「自己紹介」と「自己PR」の違いについては、p.140の説明を参考にしてください。

　巻末の ✎練習問題 を解きましょう。　☞ p.75 ～ p.78

にわにわ わりがいね…

第2章　文章作成の基礎知識―句読点・記号―

＊＊この章の目的＊＊　読みやすい文章を書くために、句読点や記号の使い方について学び
　　　　　　　　　　　ましょう。
＊＊　キーワード　＊＊　句点、読点、記号、原稿用紙

　句点は文の終わりにつけます。読点は文を読みやすくするために文の途中につけます。
句点はマルといったり、読点はテンといったりします。

問題1　　①、②の文に句点（。）をつけましょう。

---

①　世界には7000余りの言語があると言われています母語人口ランキングの1位は
中国語2位は英語ですこのデータは2005年にペンギン社が発表したデータを文部
科学省がホームページに掲載したものです一方世界で最も使用される言語ランキング
の1位は英語2位は中国語ですちなみに日本語は母語人口ランキングでは9位ですが
世界で最も使用される言語ランキングでは13位です

②　言語には文化の影響が表れます例えば人間関係における親疎や上下を重視する日本
文化に生きる人々は敬語が正しく使えなければなりません日本の文化環境にいれば先
生には尊敬語を使い友達には尊敬語を使わないなどの言葉の使い方が自然と身につい
ていきます「何時ごろいらっしゃいますか」という発話からは話し手より聞き手のほ
うが目上であることが分かります

　さて、句点（。）を適切につけられたでしょうか。ポイントとしては、「です」「ます」
などの文末の言葉や文頭にある接続詞や副詞に注意することです。

★章のポイント1　文末の言葉の形に注意する。

　どちらの文も文体は「です・ます体」ですから、句点は、①の場合「世界には7000余
りの言語がある」や「使用される」の次、②の場合「人間関係における親疎や上下を重視
する」の次にはつけられません。

★章のポイント2　文頭にある接続詞（しかし、そして……）や接続詞相当語句
（それに対して、一方……）に注意する。

「一方」「ちなみに」（①の文中）や「例えば」（②の文中）は、文頭にあることが多い言葉ですから、その前で文が終わるのではないかと予想することができます。

[問題2]　[問題1]の①、②の文に読点（、）をつけましょう。

★章のポイント３　語句が並べてあるところに注意する。

「東京、埼玉、神奈川、千葉など」のように語を並べるときに、読点をつけます。
「1位は中国語2位は英語」（①の文中）のような句や「先生には尊敬語を使い」（②の文中）のような連用中止形（☞第3章参照）のときも読点が必要です。

★章のポイント４　文中にある接続助詞（……と／ば／たら、……とき、……が、……けれども）のあるところに注意する。

「日本語は母語人口ランキングでは9位ですが世界で最も使用される言語ランキングでは13位です」（①の文中）の「が」は前文「母語人口ランキングでは9位です」と後文「世界で最も使用される言語ランキングでは13位です」をつなぐ接続助詞です。

★章のポイント５　修飾句が長いところに注意する。

①の「世界で最も使用される言語ランキングの1位」や②の「人間関係における親疎や上下を重視する日本文化に生きる人々」のように修飾句が長い場合、その後に続く「は」の後に読点があったほうが読みやすいです。

★章のポイント６　どこにかかるかをはっきりさせたいときに読点をつける。

「このデータは2005年にペンギン社が発表したデータを文部科学省がホームページに掲載したものです」（①の文中）は、「このデータは2005年に、ペンギン社が発表したデータを文部科学省がホームページに掲載したものです」の場合、「文部科学省が掲載したのが2005年」になりますが、「このデータは2005年にペンギン社が発表したデータを、文部科学省がホームページに掲載したものです」の場合、「ペンギン社が発表したのが2005年」（この文では、この意味です）になります。

★章のポイント７　修飾する語句と修飾される語句の間には読点を入れない。

「世界で最も使用される、言語ランキング」のように読点をつけてしまうと、意味のまとまりがつかめません。「世界で最も使用される」は「言語ランキング」を修飾する句ですから、「世界で最も使用される言語ランキング」のようにひとまとまりにします。

★章のポイント8　その他の記号

「何時ごろいらっしゃいますか」（②の文中）の「　　」はこの部分が発話であることを示しています。では句読点以外に、どのような記号があるのか紹介します。

中点（中黒）　・：同じレベルの語を並べてまとめるときの語の区切り、カタカナ表記の外国人名の姓と名の間に入れます。

【例】小・中・高の一貫教育、ルース・ベネディクト（人名）

かぎかっこ　「　」：発話部分や目立たせたいところにつけます。

英語の引用符にはダブルクォーテーションマーク　"　"　があります。

二重かぎかっこ　『　』：本や雑誌などの名前の前後につけます。

【例】夏目漱石『こころ』

また、「　」の中に、さらに「　」がある場合、中にある「　」に『　』を使います。

【例】「日本人は『その日は行けません』とはっきり断るのではなく、『その日はちょっと……』のようにやわらかく断ることが多いのですよ」と先生は言いました。

かっこ　（　）：説明を加えるときや、読み方を示すときに使います。

【例】武蔵国（現在の主に東京・埼玉の大部分）

リーダー　……：言葉の省略や無言を表します。「……」は2字分です。

【例】「今度の日曜日はどうですか」――「その日はちょっと……」

★章のポイント9　句読点と「　　」

文中の「　　」には句点をつけないことが多いです。

【例】彼女は「この服、かわいい」と言った。

「　　」が文末にくる場合は句点をつけます。【例】「この服、かわいい」。

★章のポイント10　マスの使い方や記号のマス内での位置

・タイトル、氏名、書き始めや段落の書き方に注意しましょう。

・句点の。、読点の、、かぎかっこの「と」、かっこの（と）のほか、拗音「ゃ・ゅ・ょ」、促音「っ」、カタカナの長音記号の―も1マス使います。それぞれの記号や文字がマス内のどの位置に書かれているのかに注意しましょう。

また、濁点（ダなど）はタ゛ではなく、ダのように1マスに入れます。

（次ページの原稿用紙は横書きですが、縦書きと横書きでは、マス内の記号を書く位置が違うので注意しましょう。）

・算用数字やローマ字は1マスに2字入れます。

【例】
横書き「こんにちは」
ノート

縦書き　ノート「こんにちは」

〈原稿用紙の使い方〉

			世	界	の	言	語												
													フ	ク	ダ		リ	ョ	ウ
	世	界	に	は	70	00	余	り	の	言	語	が	あ	る	と	言	わ	れ	て
い	ま	す	。	母	語	人	口	ラ	ン	キ	ン	グ	の	1	位	は	中	国	語、
2	位	は	英	語	で	す	。	こ	の	デ	ー	タ	は	、	20	05	年	に	Pe
ng	ui	n	社	が	発	表	し	た	デ	ー	タ	を	、	文	部	科	学	省	が
ホ	ー	ム	ペ	ー	ジ	に	掲	載	し	た	も	の	で	す	。				
	母	語	と	い	っ	て	も	、	2	（	多	）	言	語	者	も	い	ま	す。

句読点など記号が文頭に来ないように前行の最後のマスに入れます。

 問題3 　次の文に句読点をつけましょう。

① 　3月になると桜の花があちらこちらで咲き始めます

② 　夏目漱石はイギリス留学後に東京大学講師を経て朝日新聞社に入社しました

 問題4 　次の文に句読点をつけましょう。

① 　初めて彼に会った日は雪の降る寒い日でした

② 　黒雲が漂い冷たい風が吹き荒れ激しい雨が降ってきました

 問題5 　読点をつけるところによってどのように意味が変わるでしょうか。

① 　昨日、いただいた果物を夕食後に食べました。

② 　昨日いただいた果物を、夕食後に食べました。

　巻末の ✎練習問題 を解きましょう。

☞ p.79 ～ p.83

原稿用紙の中央にある ▶◀ マークは 魚尾！！

第3章　文章作成の基礎知識―文体の選択―

＊＊この章の目的＊＊　その文章にあった文体（文中・文末形式）を選べるようにしましょう。
＊＊　キーワード　＊＊　話し言葉、書き言葉、丁寧体（です・ます体）、普通体（だ・である体）

　話し言葉の場合は親疎（親しいか親しくないか）や上下関係によって文体が変わりますが、書き言葉の場合は文の種類（手紙・レポート・論文……）によって文体が変わります。

　ただ、手紙やメール文などは、話し言葉と同じように相手との関係によって文体が変わりますので、話し言葉的と言えるかもしれません。

問題1　次の文章はどんな種類のものですか？　□の中から選んで（　　）の中に記号を書きましょう。

① 　今日はなぜか早く起きてしまった。二度寝しようかとも思ったが、それにしては時間が遅い。机に向かって、夜読んでいた課題図書を手に取る。　　　　　（　　　　　）

② 　暑い日が続いていますが、いかがお過ごしでしょうか？　先日ご紹介いただいた本を買いました。内容が研究テーマに近く、大変参考になります。　　　　　（　　　　　）

③ 　日本の国際理解教育は2000年から「総合的な学習の時間」にじょじょに取り入れられるようになった。現在30代前半までの人々が国際理解教育を受けてきたわけである。　　　　　　　　　　　　　　　　　　　　　　　　　　　　　　　（　　　　　）

a．手紙　　b．日記　　c．論文

★章のポイント1　文体に注意する。

　普通体というのは、「だ・である体」とも呼ばれるもので、日記やレポート・論文などで使われます。日記には「だ体」を、レポートや論文には「である体」を使うのが一般的です。また、丁寧体というのは、「です・ます体」とも呼ばれるもので、手紙などを書く場合によく使われます。

問題2　次の表の丁寧体を普通体に直し、空欄を埋めましょう（※印のついたものだけ「である」の形があります）。

	丁寧体（です・ます体）	普通体（だ・である体）
動詞文	書きます	書く
	書きません	
	書きました	
	書きませんでした	
形容詞文 （い形容詞）	多いです	
	多くありません（多くないです）	
	多かったです	
	多くありませんでした（多くなかったです）	
形容動詞文 （な形容詞）	※静かです	静かだ／静かである
	静かではありません	静かではない
	※静かでした	静かだった／静かであった
	静かではありませんでした	
名詞文	※課題です	
	課題ではありません	
	※課題でした	
	課題ではありませんでした	
その他	話しましょう	
	※増えるでしょう	
	※重要なのです	
	※いいのでしょうか	
	考えてください	考えてほしい

|問題3|　①～⑩の文を普通体に直しましょう。「である」の形があるものは「である体」も書きましょう。

① 今日は月曜日です。　　　　⇒＿＿＿＿＿＿＿＿＿＿＿＿＿＿＿

② 新たな1週間が始まります。　⇒＿＿＿＿＿＿＿＿＿＿＿＿＿＿＿

③ 昨日は課題の本を読み終えることができませんでした。

⇒＿＿＿＿＿＿＿＿＿＿＿＿＿＿＿＿＿＿＿＿＿＿＿＿＿＿＿＿＿

④ 今日中に読み終えたいです。　⇒＿＿＿＿＿＿＿＿＿＿＿＿＿＿＿

⑤ 読んだ後に、コメントを書かなければなりません。

⇒＿＿＿＿＿＿＿＿＿＿＿＿＿＿＿＿＿＿＿＿＿＿＿＿＿＿＿＿＿

⑥ 文化とは一定の人数で構成される集団内で共有される価値観や行動様式のことです。

⇒＿＿＿＿＿＿＿＿＿＿＿＿＿＿＿＿＿＿＿＿＿＿＿＿＿＿＿＿＿

⑦ 文化は民族衣装や地域料理など見える部分と、価値観や考え方など見えない部分からなっています。

⇒＿＿＿＿＿＿＿＿＿＿＿＿＿＿＿＿＿＿＿＿＿＿＿＿＿＿＿＿＿

⑧　文化の見えない部分への気づきを高めることが、異文化理解の第一歩です。

⇒ _____

⑨　まだ見えない部分があると想定しながら探求し続けてください。それが、異文化学習
　　の基本姿勢と言えます。

⇒ _____

⑩　教育環境に文化的多様性が存在するということは、どのような教育的意義があるので
　　しょうか。

⇒ _____

★章のポイント2　連用中止形によってさらに書き言葉らしく。

　文中の書き言葉の文体としてよく使われるものに「連用中止形」があります。動詞の場
合は「ます形」で、多くの場合「て形」に置き換えることができますが、状態や手段・方
法を表す「て形」は置き換えることができません（○歩いて来る　×歩き来る）。

【例】　のむ→のんで→のみ（連用中止形）　　　よぶ→よんで→よび（連用中止形）
　　　　かく→かいて→かき（連用中止形）　　　いそぐ→いそいで→いそぎ（連用中止形）
　　　　くる→きて→き（連用中止形）　　　　　いく→いって→いき（連用中止形）
　　　　あう→あって→あい（連用中止形）　　　とる→とって→とり（連用中止形）

　　　　※〜なくて→〜ず：原因を表す　／　〜ないで→〜ずに：状態を表す

〈動詞〉「いる」「しない」などの連用中止形に注意しましょう。

大学院に入って、研究を続ける。　　　この地域には多くの難民がいて、対策が急がれる。
　　　　→入り　　　　　　　　　　　　　　　　　　　　→おり

これについては、多くの論文が発表されていて、新たな課題が見つけにくい。
　　　　　　　　　　　　　　　→発表されており

ワクチン接種が進んでいなくて、亡くなる人も多い。
　　　　　　　　　→進んでおらず

地域の言葉が分からなくて、英語で会話した。朝ご飯を食べないで、出かける。
　　　　　　→分からず　　　　　　　　　　　　　　　→食べずに

課題をしなくて、しかられた。　　　　　　食事をしないで、出かける。
　　　　→せず　　　　　　　　　　　　　　　→せずに

発表者が来なくて、研究会は延期された。　病床の祖父母は来ないで結婚式が行われた。
　　　　→来ず　　　　　　　　　　　　　　　→来ずに

〈**形容詞（い形容詞）**〉

このあたりは外国人が<u>多くて</u>、英語の表示が目立つ。
→多く

それほど物価も<u>高くなくて</u>、生活しやすい。
→高くなく

〈**形容動詞（な形容詞）・名詞**〉

技術革新が<u>急速で／急速であって</u>、社会から取り残される人々も多い。
→急速であり

当時、家事は女性の<u>仕事で／仕事であって</u>、男性は台所に入ることもなかった。
→仕事であり

彼女の家庭は<u>裕福ではなくて</u>、大学進学をあきらめた。
→裕福ではなく

　問題4　次の文章を普通体に直しましょう。「である」の形があるものは「である体」も書きましょう。下線部分は連用中止形に直しましょう。

① 　日本には290万人の外国人が<u>いて</u>、永住者が増えています。国籍別に見ると、１位は中国ですが、近年減ってきています。平成末まで２位だった**韓国**は、令和２年に３位に<u>下がって</u>、２位にベトナムが入りました。その背景には何があるのでしょうか。おそらく技能実習生の受け入れが盛んに行われた結果だと思われます。

⇒ _____

_____

_____

② 　労働力が不足している日本では、東南アジアを中心に多くの技能実習生を受け入れています。技能実習制度は、国際貢献という理念のもと、開発途上国の人材が、日本の企業で、母国では習得困難な技能を<u>習得して</u>、母国の発展に寄与するために1993年に始まった制度です。しかし、この制度は、低賃金や長時間労働など技能実習生をめぐる問題も<u>多くて</u>、対策を急がなければなりません。

⇒ _____

_____

_____

　巻末の　✎**練習問題**　を解きましょう。　☞ p.85 〜 p.90

第4章　文章作成の基礎知識—言葉の選択・送り仮名—

＊＊この章の目的＊＊　書き言葉に適した言葉・仮名遣い・送り仮名を正しく使えるように
　　　　　　　　　　　なりましょう。

＊＊　キーワード　＊＊　書き言葉、話し言葉、現代仮名遣い、送り仮名

問題1　次の2つの文章のうち、書き言葉としてどちらが適切でしょうか。適切なほう
を選んで（　　）に書きましょう。

① この間、大学で研究会があった。でも、来れない人が多くて、議論があんまり盛り上
がらなかった。やっぱり参加者がいっぱいいるほうがいろんな意見が聞けて、ためにな
るなあ。

② 先日、大学で研究会があった。しかし、欠席者が多く、議論があまり盛り上がらなか
った。やはり参加者が大勢いるほうがさまざまな意見が聞けて、有意義である。

書き言葉として適切（　　　　　　）

さて、どうでしょうか。②のほうが書き言葉として適切だという印象を持ったのではな
いでしょうか。具体的にポイントを見ていきましょう。

★章のポイント1　名詞・副詞や接続の言葉などには書き言葉的なものを使う。

	話し言葉的	書き言葉的（レポート・論文など）
名詞・副詞	この間・今日	先日・本日
	今	現在
	私・僕	筆者　※「私」が使用されているものもある
	あんまり	あまり
	やっぱり	やはり
	ちょっと	少し
	全部	すべて
	ぜんぜん	まったく
	だんだん	じょじょに・しだいに
	どんどん	急速に
	たぶん	おそらく
	ぜったいに	必ず
	一番	最も
	もっと	さらに
	すごく	非常に

接続の言葉	でも・だけど・けど（〜けど） だから・ですから・それで だって 〜から・〜ので あと	しかし・だが（〜が） そのため・したがって というのは・なぜなら 〜ため また
その他	〜なんか 〜とか〜とか 〜だって（伝聞） こんな・そんな・あんな いろんな 〜みたい だめだ	〜など 〜や〜や 〜そうだ・〜とのことだ このような・そのような・あのような いろいろな・さまざまな 〜ようだ よくない

★章のポイント2　会話特有の表現に注意する。

　問題1 の①の文章の末尾に「……なあ」とありますが、これは会話特有の表現です。また、「来れない人が多くて」とありますが、「来れない」は「来られない」の「ら抜き言葉」であり、会話ではよく聞かれますが、そもそも文法的に間違っています。最近は「ら抜き言葉」のほかに、使役表現「行かせる」を「行かさせる」のように、不要な「さ」を入れてしまう「さ入れ言葉」など間違った表現が聞かれます。

　会話特有の表現は、以下の【例】のように、直接引用する場合には見られますが、直接引用もレポート・論文ではあまり使われません。【例】Aさんは「やっぱり参加者がいっぱいいるほうがいろんな意見が聞けて、ためになるなあ」と言った。

　ほかに会話特有の表現にはどのようなものがあるでしょうか。

	会話でよく使われる表現	レポート・論文など
終助詞（よ・ね・よね）	多くの課題があるね	→多くの課題がある
感動詞	さあ、どうかなあ	→どうであろうか
縮約形	正しい日本語じゃない 書いちゃった 課題なんだ 述べてる〈い抜き〉 見なきゃ（なくちゃ）ならない 調べたって分からない 話しといた	→正しい日本語ではない →書いてしまった →課題なのだ／なのである →述べている →見なければならない →調べても分からない →話しておいた
敬語など	A教授のご説明によると、 そうおっしゃっている	→Aの説明によると、 →そう述べている
助詞や文末の省略など	大学生にアンケート取る たしかに検証が不十分だったかも……	→大学生にアンケートを取る →たしかに検証が不十分だったかもしれない／と思われる

問題2 レポート・論文として、a．とb．のどちらの言葉のほうが適切か選びましょう。

① （a．今　　b．現在）プラスチックごみによる海洋汚染が問題になっている。

② （a．筆者　　b．僕）は聞き取り調査を行った。

③ 環境破壊が（a．多くの　　b．たくさんの）災害を引き起こす。

④ 感染力が（a．だんだん　　b．しだいに）強くなっている（a．ようだ　　b．みたいだ）。

★**章のポイント＋α**　正しい仮名遣いで日本語を書く。

　皆さんは「したがって」「従って」・「さまざまな」「様々な」など、漢字で書けるものは漢字で書いたほうがよいのか、それとも平仮名で書いたほうがよいのか迷ったことはありませんか。「現代仮名遣い」(1986年内閣告示)によった『朝日新聞の用語の手引』によると、接続詞や、漢字にあまり意味のない副詞は原則として平仮名で書くとあります。また、付属語のように用いられる補助動詞（〜しておく／〜してみる）や形式名詞（〜ことがある／〜わけだ／そのため）も平仮名で書くとあります。「ためになる」は実質的な意味がありますが、「そのため」は実質的な意味がない形式名詞です。

　日本語は漢字仮名交じり文を用いていますが、その表記に関する規則が内閣告示などによって示されています。上記では接続詞や副詞について触れましたが、それ以外の仮名遣いについても見てみましょう。仮名の使い方は、おおむね発音通りとしながらも、「じ」「ず」に関しては、同音が続く場合は「ちぢむ」（×「ちじむ」）、2語の連合の場合は「三日月（みかづき）」（×みかずき）のように「ぢ」「づ」で書くとあります。「絆」は2語に分解しにくいものとして「きずな」と書きます。また、長音はア列の仮名には「あ」、イ列の仮名には「い」、ウ列の仮名には「う」、エ列の仮名には「え」や「い」の仮名で書き表しますが、オ列の長音は「おとうさん」（×おとおさん）のように「う」で書くことになっています。ただ、歴史的仮名遣いでオ列の仮名に「ほ」または「を」が続いていたもの（「こおり」「とおい」「とおる（通）」「おおい（多）」など）はオ列の仮名に「お」を添えます。

　送り仮名については、活用のある語は活用語尾を送るとあります。また、語幹や活用語尾の区別がつかない動詞は「着る」「寝る」「来る」などのように送るとあります。語幹というのは、「きく（聞く）」の「き」のようにどの活用形においても変わらない部分を言い、「活用語尾」というのは、「聞く」「聞かない」の「く」「か」のように変わる部分を言います。送り仮名は、以下のようになります（☞文化庁「国語施策・日本語教育」〔本書 p. iii〕参照）。

　　　五段動詞（グループ1）　　　　　【例】話さ（ない）　話し（て）　話す　……

　　　上一段・下一段動詞（グループ2）【例】起き（ない）　起き（て）　起きる　……

　　　　　　　　　　　　　　　　　　　　　　集め（ない）　集め（て）　集める　……

　　　形容詞（い形容詞）については、語幹が「し」で終わるものは「し」から送ると決まっ

ています（【例】楽しい、悲しい）。また、「少ない」は規則通り「少い」にしてしまうと、「すくない」なのか「すくなくない」なのか混同するおそれがあるので、例外として「少ない」となりました。

　※日本語には、発音が同じで意味の異なる「同音異義語」や訓が同じでも漢字が異なる「同訓異字」があります。文章を書く場合、意味を考えて漢字を選ぶようにしましょう。また、「頭痛が痛い」のように同じ意味の語を重ねる「重言（重複表現）」は多くは誤りとされていますので、気をつけましょう。

問題3　a．とb．から正しいものを選びましょう。

① アンケートに（a．解答　　b．回答）する。

② 言語は文化を（a．著す　　b．現す　　c．表す）ものである。

③ （a．最後　　b．一番最後）の問題が難しかった。

　巻末の　**✎練習問題**　を解きましょう。　☞ p.91 ～ p.94

言葉のあれこれ

① 「雨」に関する言葉
　・雨脚（あまあし）　　　　　雨が降る速度：雨脚が速い
　・小雨（こさめ）　　　　　　細かく降る雨
　・小糠雨（こぬかあめ）　　　細かい雨
　・五月雨（さみだれ）　　　　陰暦五月ごろに降る雨
　・驟雨（しゅうう）　　　　　「夕立」の漢語的言い方
　・春雨（はるさめ）　　　　　静かに降る春の雨
　・天気雨（てんきあめ）　　　陽が差しているのに降る雨
　・涙雨（なみだあめ）　　　　葬式などに降る悲しい雨
　・俄雨（にわかあめ）　　　　急に降ってくる雨
　・梅雨入り（つゆいり）・入梅（にゅうばい）　⇔　梅雨明け（つゆあけ）

② 「馬」が使われる諺・四字熟語
　・馬の耳に念仏（うまみみねんぶつ）　　まったく効果がないこと
　・馬が合う（うまあう）　　　相手と波長が合うこと
　・竹馬之友（ちくばのとも）　幼友達
　・塞翁が馬（さいおうがうま）　　人生の幸不幸は巡り合わせによるところが多いこと

③ 「羊」が使われる四字熟語
　・羊頭狗肉（ようとうくにく）　　見かけは立派だが中身がないこと
　・多岐亡羊（たきぼうよう）　　いくつもの方向性があり区別しにくいこと

参考文献：松村明編（2019）『大辞林（第四版）』三省堂

第5章　説　明　文

＊＊この章の目的＊＊　ここでは、実践的な文章を書く練習をしていきましょう。家・学校・お店の場所を分かりやすく説明できますか？　スポーツのルール、料理のレシピなど短い文章を使って順序よく分かりやすく書いていきましょう。

＊＊ キーワード ＊＊　説明、短文、手順

問題1　以下の図について説明しましょう。図を見ていなくてもあなたの説明で再現できるように書いてください。

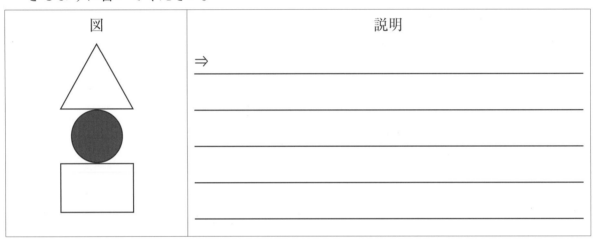

図	説明
	⇒

さて、書けましたか。聞き手を意識してみるとどうでしょうか。

この図であれば、以下のような説明ではどうでしょうか。

【解答例】まず、全体は縦に3つの図形で構成されています。一番下に横に長い長方形、その上に円、その円の上に正三角形です。正三角形の1辺の長さは長方形の横の長さと同じです。2つの図形に囲まれた円の色は黒です。

★章のポイント1　聞き手の「知っていること」「知らないこと」「知りたいこと」を考える。

★章のポイント2　全体（概要や結論など）から細部（詳細や理由など）といった順序で書く。

★章のポイント3　説明文はできるだけ短い文で書く。

問題2　○や△、□といった形を使った図を書き、考えた図を説明する文を作成しましょう。そして、クラスの友達にその説明だけを伝えてください。その説明を聞いた人は、あなたの考えた図を再現できるでしょうか。

図	説明
	⇒ _____ _____ _____ _____ _____

問題3　（次ページの地図を見ながら）地図の説明を書いてみましょう。

① 自宅から駅まで

⇒ _____

_____

② 自宅からスーパーマーケットまで

⇒ _____

_____

③ 駅からお寺まで

⇒ _____

_____

④ お寺から高等学校まで

⇒ _____

_____

⑤ 高等学校から郵便局まで

⇒ _____

_____

地　図

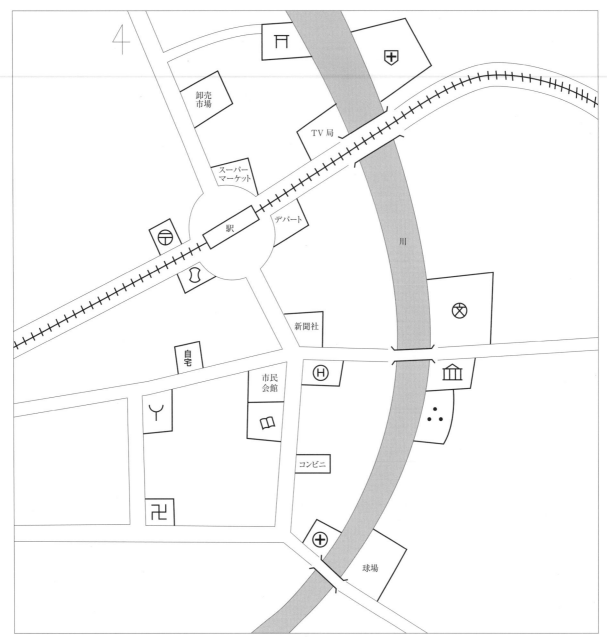

Thanks to Yoshiki T.

※地図の記号は以下を参考にしてください（併せて p.20 の表も参考にしてください）。

卍　（寺）　　开　（神社）　　文　（小中学校）　　〒　（郵便局）

銀行　　gs　（ガソリンスタンド）　　病院　　ホテル（H）　（ホテル）

・店の名前も正しく書きましょう。街を歩くとき、注意してみてください。

・外国人が間違いやすいカタカナ語の場所の名称……コンビニ（convenience store）・デパート（department store）・ガソリンスタンド（gas stand）・パチンコ屋／店（pachinko parlor）・バスターミナル（bus terminal）・バス停（bus stop）

問題4　以下の【例】のような文章では分かりにくいですね。できるだけ短い文章を重ねて、分かりやすい説明文に直しましょう。

【例】駅を出て右に曲がってまっすぐ行って交差点を渡って次の道を左に曲がって銀行の前の陸橋を渡って……。

⇒ _____

_____

※道順を説明する言い方や用語
・○○駅の北口を出る、信号（橋・横断歩道）を渡る、まっすぐ行く。
・右（左）に曲がる、突き当たり・交差点・三叉路（さんさろ）・向かい・向こう・隣・ななめ。
・（まっすぐ行く）と○○（銀行）がある。

問題5　スポーツのルールの解説、料理のレシピなども説明文のうちに入ります。専門用語・特別な単語などに注意して、説明文を書いてみましょう。

①　スポーツを一つ挙げて、そのルールの説明をしましょう。

⇒ _____

_____

※スポーツのルール説明などに使う用語
（1）野球……投手（ピッチャー）、打者（バッター）、一塁・二塁・三塁・ホーム、一塁手、遊撃手、三遊間、外野（手）、本塁打（ホームラン）、アウト、ストライク、ファウル、フライ、盗塁、チェンジ　など。
（2）サッカー……シュート、キックオフ、ゴール（キーパー）、フォワード、ボランチ、ミッドフィルダー、オフサイド、ドリブル、ペナルティーキック、ヘディング　など。
（3）相撲……（相撲を）取る、取組み、力士、幕の内、大関、横綱、行司、軍配、土俵、（土俵を）割る、上手投げ、まわし、突っ張り、うっちゃり　など。
（4）駅伝・トラック競技・水泳……たすき、スタート、ゴール、タッチ、フライングなど。

②　料理を一つ挙げて、調理方法の説明をしましょう。

⇒ _____

_____

※料理のレシピ作りに使う用語

（１）動詞……煮る、蒸す、焼く、炒める、炊く、煎る、湯煎（する）、落し蓋をする、
　　水を切る、さらす、水気を飛ばす、アクを取る　など。

（２）名詞……鍋、フライパン、炊飯器、包丁（ナイフ）、まな板、フライ返し、菜箸、泡
　　だて器、たまじゃくし（おたま）、しゃもじ、おろし金、ざる、強火・弱火・中火・と
　　ろ火、味見　など。

（３）切り方……みじん切り、千切り、乱切り、いちょう切り、小口切り、輪切り、笹が
　　き、賽の目（にする・に切る）、短冊切り、角切り、薄切り、櫛がた（に切る）　など。

巻末の ✎練習問題 を解きましょう。　☞ p.95 ～ p.98

いろいろな地図記号

記号	名称	記号	名称	記号	名称	記号	名称
◎	（市役所）	🏛	（博物館）	○	（町村役場）	☼	（工場）
♂	（官公署）	▤	（自衛隊）	⚓	（裁判所）	🏠	（老人ホーム）
◇	（税務署）		（発電所等）	⚹	（森林管理署）	∴	（史跡・名勝・天然記念物）
⊤	（気象台）		（城跡）	Ｙ	（消防署）	♨	（温泉）
⊕	（保健所）		（噴火口・噴気口）	⊗	（警察署）	∨	（畑）
Ｘ	（交番）	‖	（田）	⊗	（高等学校）	Ｙ	（桑畑）
（大）★	（大学）	ｏ	（果樹園）	（短大）★	（短期大学）	○	（その他の樹木畑）
📖	（図書館）	∴	（茶畑）	⚓	（漁港）	∧	（針葉樹林）

出典：国土交通省国土地理院　地図記号一覧
　　　http://www.gsi.go.jp/KIDS/map-sign-tizukigou-h14kigou-itiran.htm

---

コーヒーブレーク

　「地図の説明」の課題を書いてもらいました。ある人は右と左が逆で、行けば行くほど目的地から遠ざかってしまうし、ある留学生は「交差点で右に回ります」と交差点でバレエを踊るような文章を書きました。
　一人の学生が夕方、アルバイトに行きました。お客様から電話で「道が分からないのだが」と問い合わせが来ました。彼女は中国人だったのですが、昼間の授業を思い出して、店にあった地図を開いてお客様の居場所から店まで、丁寧に説明したそうです。無事に店にたどり着いたお客様に「あなたの説明はとても分かりやすかった」と褒められたと聞いて、私もうれしかったです。実用価値が高い文章なのですね。

第6章　段落とアウトライン

＊＊この章の目的＊＊　文章を作るうえでの段落の考え方およびアウトライン（＝輪郭・概要）について学びましょう。文章を書くうえで、全体からまず眺めて何を書こうとしているのか、何を主張したいのかを頭に描き、各段落に書き入れる技法を身につけましょう。

＊＊ キーワード ＊＊　アウトライン、段落、自己主張、場面、具体性

問題1　あなたは「電子図書」と「紙の図書」とどちらが好きですか。

① 今の時代は、電子図書がはやっています。その便利さは評価されています。しかし、紙の図書を読む人もまだたくさんいます。私は、電子図書が好きです。それは、便利だからです。また、今の時代は忙しいので、すぐに読める電子図書はいいと思います。

② 電子図書に比べて、紙の図書を読んだほうが達成感が得られる。ページをめくる音も好きだが、紙の図書は手触りを読むたびに感じられる。それは電子図書ではできないことである。また、紙の図書には、自分だけの印もつけられ、栞を挟む感覚も同時にある。一方、電子図書は画面を見続けることが目にも悪いし、紙から感じる温もりはどうも味わえない気がする。

さて、①、②の2文を読み終わって何を感じたでしょうか。①は1文・1文がつながって、一つの文章を作り上げている構成です。②は、接続詞（また／一方）が2か所に入り、また、冒頭で筆者の思いがまずは特記されている文章作りになっています。文末までの展開もスムーズに流れている感じがしませんか。

★章のポイント1　**文章は読み手（相手）があっての作品作りである。**

★章のポイント2　**書き手はこの文章で相手に何を訴えたいのか。**

★章のポイント3　**文章の内容よりも、まずは書き方（☞第1章〜第4章参照）をしっかりと身につける。**

では、次に、「文章の内容」編です。段落を作り読みやすくしましょう。

【文章構成の着眼点】

1）一般的文章：導入（書き出し）［話題の紹介・提示］

　　　　　　　　展開（　本文　）［説明・分析・展開］

　　　　　　　　結論（終わりに）［最終的な考え・全体のまとめ］

2）論理的文章：序論　［問題提起］

　　　　　　　　本論　［問題の分析、自説の展開・証明］

　　　　　　　　結論　［論旨のまとめ、主題の結論］

3）序破急：三段構成における代表的な形式

　　　　　　　　序　　〈問題提示〉

　　　　　　　　破　　〈展開・本論〉

　　　　　　　　急　　〈まとめ・結論〉

【例】序→彼は今朝から何も食べていない。　　（話の入口）

　　　破→水分だけは補給しているらしい。　　（序段の「食べていない」ことの説明）

　　　急→ボクシング選手で体重を落としているところである。（結論部分）

参考：「序破急」は能楽から出自した言葉で、世阿弥（ぜあみ）の『風姿花伝（ふうしかでん）』の中にも登場する言葉である。その意味するところは、

　序：始まりを意味し、ゆっくりと歩を進めるようなテンポの部分

　破：静けさから動きへと展開する部分

　急：最高潮の部分へとつなぎ、速度が速くなる部分

★章のポイント４　論を展開していく場合、論の結論・主張にそい、話題を進めていくと安定した文章構成の展開が図れる。

参考：「ビジネス・レポート」「ビジネス報告書」の作成結果（結論）重視の文章展開を心がけることをおすすめする。

　結論：限られた時間内での結論重視の展開をする

　本論：結論に導き出される裏づけ・自説の主張をする

　資料：最新の資料からグラフ・データ分析をする

　　　　文章の羅列よりも箇条書きによる構成のほうが効果的に相手を説得できる

★章のポイント５　何のために書くのか（目的）、誰に読んでもらうのか（読み手の設定）を想像し文章展開を図りアウトラインに反映する。

4）四段構成

　漢詩の構成の一つである「起承転結」を基本とする構成である。

　　　起（序論）　：以後、書く内容の紹介。

　　　承（本論１）：序論の説明部分。

　　　転（本論２）：序論・本論１から書き上げた内容を、主題を深めるために、異なった側
　　　　　　　　　　面から論じる部分。

　　　結（結論）　：自分の主張を展開する部分。

　【例】　起→コロナ禍でのオリンピックは成功したのだろうか。

　　　　　承→たしかに、期間中、クラスターは発生しなかった。

　　　　　転→しかし、人々の警戒心がゆるんでしまった。

　　　　　結→国自体が何を優先すべきか考えるべきであったのではないか。

５）五段構成

　広告の文章などに使用される構成法である。この形式は、器楽曲のソナタ形式によく似
ている。

①　**起承鋪叙結**

　　起（序奏部分）：ある点に注目し、読み手を惹きつける部分。

　　承（提示部分）：注目したことによる説明部分。

　　鋪（展開部分）：さらに詳細に説明を加える部分。

　　叙（再現部分）：鋪の部分をまとめ上げ、承の部分の再現を図る部分。

　　結（結論部分）：全体のまとめの部分。

②　**序論・本論（本論部分を３部分に分ける）・結論**

　　第一段落：序論　　　論を書く目的を鮮明にさせる部分。

　　第二段落：本論１　「まず〜」「たしかに〜」で始め、自分と反対の意見の理由を説明す
　　　　　　　　　　　る部分。

　　第三段落：本論２　「しかし〜」で始め、自分の考えの主張を展開する部分。

　　第四段落：本論３　第二段落・第三段落を踏まえて、問題点の抽出をする部分。

　　第五段落：結論　　　第一段落での目的を反芻し、今後の志向を述べる部分。

　【例】　起→コロナ禍でのオリンピックは成功したのだろうか。

　　　　　承→たしかに、期間中、クラスターは発生しなかった。

　　　　　鋪→しかし、人々の警戒心がゆるんでしまった。

　　　　　叙→メディアもオリンピック一色の放送になってしまった。

　　　　　結→国自体が何を優先すべきか考えるべきであったのではないか。

★章のポイント６　**どの構成方法を使用するかは自由である。また、書き始めるとき、いきなり、原稿用紙に書いたり、パソコンに打ち始めたりするのではなく、メモを取って頭の中で十分に練ってから書き始める。**

問題2 下記の情報をもとに、与えられた問題について、800〜1200字でノートなどにまとめましょう。

【三段論法・アウトライン作成例】「高齢ドライバーの運転について」

Ⅰ 序論（全体の10%）：現状把握

① 人口に占める高齢者の割合・推移

・日本の高齢者人口は、2019（令和元）年10月1日現在、3589万人であり、総人口の28.4%に達し、2042（令和24）年に3935万人となりピークを迎える。

（内閣府「令和2年交通安全白書」）

② 高齢化人口の増加に伴い、交通事故による被害者への影響が懸念される。

・75歳以上に特化すると、運転免許保有者の推移は、2009（平成21）年度と比較して2019（令和元）年の75歳以上の保有者が1.8倍、80歳以上は1.9倍の結果を占める。

（同上）

③ 高齢ドライバーによる交通事故の例と原因を提示

Ⅱ 本論（全体の70%）：問題提起から発生した検証

① 高齢ドライバーによる交通事故発生状況

・2009（平成21）年、75歳以上は422件。80歳以上は180件。

・2019（令和元）年、75歳以上は401件、80歳以上は224件で増加。

② 2019（令和元）年4月19日の池袋路上での事故「池袋暴走事件」への検証。
M親子が死亡。高齢ドライバーには「過失運転致死傷罪」の疑いで求刑。
「懲役」ではなく「禁錮5年」、最終判決は2021（令和3）年9月2日。

③ ②の事故原因および分析
ブレーキ・アクセルの踏み違い件数は、75歳未満は全体の0.5%だが、75歳以上の高齢ドライバーの場合は7.0%　（同上）

④ 報道の方法と市民の考え方

⑤ 判決

⑥ 遺族からの訴え

Ⅲ 結論（全体の20%）

① 主題の趣旨：高齢ドライバーの運転の必要性

② 事件よりも報道の方法による感情論

③ 一人の人間の命の重み

④ 今後の高齢ドライバーの運転免許所有のあり方（自主返納の動き）

巻末の ✎**練習問題** を解きましょう。　☞ p.99〜p.101

第7章　意　見　文

＊＊この章の目的＊＊　客観的な論拠を加えた文章を書きましょう。
＊＊ キーワード ＊＊　反論、客観、体験文、根拠

　ある問題への答えが、あれかこれかと２つあるとき、なぜその答えを選んだか、相手が納得できるように述べるためにどうしたらいいでしょうか。反対意見にも目配りし、論理的に書いてみましょう。意見文とは言っても「私はこう思う！」「私は反対だ！」「私はこれがいい！」と言っているだけでは、自分の意見や感情を主張しているだけになります。学問や研究とは、そのような主観の主張ではありません。反対意見や自分は選ばなかった意見を十分に考慮に入れ、客観的な根拠や判断を示さなければ、レポートや小論文の文章にはなりません。
　まず、２択から１つを選ぶ択一型の意見文の書き方を考えましょう。

|問題1|　「自動車での旅行か、電車旅行か」というテーマで意見文を書いてみましょう。
　あなたは小旅行を計画しています。自動車で行きますか？　電車で行きますか？　まず「車」派の人の意見を考えてみましょう。～の次から文章を書いてください。

（１）自分の意見を述べる
　体験談がある人はその話を入れると実感がある文章になります。

> 運転が好きだ ／ 新車を買ったばかりだ ／ 好きなところで休憩できる ／
> 時間も自由に使える ／ 好きなところに立ち寄れる ／ 友達と楽しくドライブできる／
> （子どもがいる場合）周りに気兼ねせずに済む　など

「私は自動車で旅行することにしたい。その理由は～　　　」

⇒ _____

（２）反対の意見も考える
　電車旅行を選ぶ人の意見を考えます（※運転免許証がないという理由は、この際考えないことにします）。

> 費用が安い ／ 人数に関係なく行ける ／ 車酔いが心配な人も安心 ／
> 車内の語らい（駅弁など）も楽しい ／ ドライバーだけに負担をかけずに済む　など

「電車旅行にもそれなりの利点がある。それは〜　　　」

⇒ _____

（3）ま　と　め

　（2）の段階で考えの変わる人はいないでしょうが（いてもいいのですが）、折衷案を考えることもあるでしょう。例えば、

> 車に弱い人がいたら電車にする ／ 運転を交代する ／
> 大きな駅で電車からレンタカーに乗り換える

などです。そしてそれでも電車旅行がいい人は、再びそれを主張すればいいのです。
　「両方のいいところを取るにはどうしたらいいか、考えてみた。例えば〜
どちらにしても楽しい旅行をするには、同行者と楽しんで行くことが一番である」

⇒ _____

　 問題2 　「タバコが悪いと思うか、酒が悪いと思うか」というテーマで意見文を書いてみましょう。

（1）私は _____ のほうが悪いと思う。その理由は、_____

_____

（2）反対に _____ のほうが悪いと言う人がいる。理由としては _____

_____

（3）双方の意見を考えてみたが、どちらにも一長一短がある。どちらを楽しむためにも以下の注意が必要なのではないだろうか。

_____

★章のポイント1　　**自分の意見（理由・体験談・ほかの人の意見など）→反対意見（理由・参考文など）→まとめ（折衷案・反論への反論など）という段階を踏むと、書きやすい。**

次に択一型（AかBか）ではない意見文の書き方について考えてみましょう。

問題3　「クールジャパン（かっこいい日本のもの）」について、あなたがいいと思うものを紹介しましょう。

（1）私がクールジャパンだと思うものは～です。
　　それはどのようなものですか？

⇒＿＿＿＿＿＿＿＿＿＿＿＿＿＿＿＿＿＿＿＿＿＿＿＿＿＿＿＿＿＿
　　なぜそれを選ぶのですか？

⇒＿＿＿＿＿＿＿＿＿＿＿＿＿＿＿＿＿＿＿＿＿＿＿＿＿＿＿＿＿＿

（2）ほかにもかっこいい日本を表すものとしては、＿＿＿＿＿＿＿＿　などがありますが、

私は＿＿＿＿＿＿＿＿＿のほうを取りました。それはなぜかと言うと＿＿＿＿＿

＿＿＿＿＿＿＿＿＿＿＿＿＿＿＿＿＿＿＿＿＿＿＿＿＿＿＿＿＿＿＿

（3）クールジャパンにはこのようにいろいろなものがあります。私がおすすめしたいのは

＿＿＿＿＿＿＿＿＿＿ですが、＿＿＿＿＿＿＿＿＿＿＿＿＿＿＿＿＿＿

＿＿＿＿＿＿＿＿＿＿＿＿＿＿＿＿＿＿＿＿＿＿＿＿＿＿＿＿＿＿＿
　　どうぞ、皆さんもこのようなクールジャパンを通して日本をよく知り、楽しんでください。

★章のポイント2　　**前半で勉強した択一型の意見文と同じようにまとめていくことができる。**

問題4　外国（日本、フランス、アメリカなど）に行ったことを通じて異文化との出会いで驚いたことを書いてみましょう。

これは体験文と言っていいかもしれません。自分の体験を相手に分かりやすく伝え、それに対する自分の考えを理解してもらうという形を取ります。それでは、書いてみましょう。

（1）＿＿＿＿＿＿＿に来て驚いたことはいろいろありますが、こんなことがありました。いつ・どこで・どのようなことがありましたか？

⇒　いつ？　＿＿＿＿＿＿＿＿＿＿＿＿＿＿＿＿＿＿＿＿＿＿＿＿＿

⇒　どこで？　＿＿＿＿＿＿＿＿＿＿＿＿＿＿＿＿＿＿＿＿＿＿＿

⇒　どのような？　＿＿＿＿＿＿＿＿＿＿＿＿＿＿＿＿＿＿＿＿

（2）この体験を通して私は＿＿＿＿＿＿＿＿＿の文化の一端に触れました。それは

＿＿＿＿＿＿＿＿＿＿＿＿＿＿＿＿＿＿＿＿＿＿＿＿＿＿＿＿＿＿＿

（3）＿＿＿＿＿＿＿＿＿＿＿＿＿＿＿＿＿＿＿のこのような文化に対して、

＿＿＿＿＿＿＿＿＿＿＿＿＿のような批判もあるかもしれません。でも私は

＿＿＿＿＿＿＿＿＿＿＿＿＿＿＿＿＿＿＿＿＿＿＿と思います。これは

＿＿＿＿＿の文化の＿＿＿＿＿＿＿＿点を表しているのではないでしょうか。

　このように、「まとめ」の段落に再び反論（批判）を考えるという前半の応用を取り入れています。自分の体験を書く、というところには第5章で勉強した「説明文」のように分かりやすく、簡単な文章が合っているでしょうし、異国の文化の考察の部分には「意見文」で勉強した客観的・論理的に書く姿勢が必要とされています。

★章のポイント3　**論理的な文を書くコツとしては、文章を書くというのは決して難しいことではないが、自分の意見に固執するばかり、自分の主張だけを、というのではなく、幅広い見方や意見に耳を傾け、自分の意見を練り上げていくことが必要になる。**

　これからもいろいろな本や文章・さまざまな人との出会い・意見の交換などを通じて広い視野を身につけるようにしましょう。そこからあなたの意見をまとめていけるように練習してください。

巻末の　☜**練習問題**　を解きましょう。　☞ p.103 ～ p.106

小論文を書く際の注意点

① **ら抜き言葉**　　最近では話し言葉としては認知されるようになってきました。しかし、小論文では使わないほうがいいでしょう（☞第4章参照）。

② **一人称**　　小論文の一人称は「私」で統一しましょう。この一人称は男性、女性ともに使えます。よくあるのは男子で「自分は」「僕は」「俺は」という一人称を使っている人ですね。そして普段は「私」を使い慣れていないせいなのか、最初は「私」なのに文章の途中からは「僕」などに変わっている場合が多くあります。読み直すときに、文体や一人称が統一できているかきちんとチェックしましょう。

③ **字数**　　就職・試験などに用いられる小論文は主に800字が多いかと思いますが、字数について注意が必要です。決められた字数の8割以上は必ず書くようにしましょう。800字であれば640字です。もしも書いた分量が8割以下であれば、論を十分に展開したと見なされず、場合によっては減点されてしまう場合があります。注意して必ず8割以上は書きましょう。本来なら、内容を充実させるために、分量の9割以上が望ましいのです。800字であれば720字です。加えて、可能であれば最終行のギリギリまで書きましょう。その際に注意ですが、句点が最後のマスに文字と同居する場合は、もしかすると字数オーバーと見なされてしまうかもしれません。句点も1文字と考えて収めるように注意してください。

コーヒーブレーク

　「～に関するあなたの意見を書きなさい」「これを読んであなたの考えを書きなさい」。よくこのようなレポートや小論文の題を見かけます。そう言われても……というのが学生の皆さんの本音ではないでしょうか。「思った通りを書けばよい」とか「考えをそのまま書けばいい」とか言われても、どうしていいか分からない、そもそもどう考えていいか分からない、今まで大勢の学生たちの声を聞いてきました。翻って私たちの学生のころを考えると同じような戸惑いを覚えていたものだな、と思います。「どのように」「どう段階を踏んで」というところが難しいのでしょう。

　まず、考える練習から、です。有識者の意見を読んだり聞いたり、友だちや家族と話してみたりすることもよいでしょう。テキスト本文でも言っている通り、自分の好悪だけで意見を主張することや相手の意見を頭から否定するようなことでは「考える」ことはできません。幅広い考えや思想に、まず選り好みをせずに触れてみること。学校生活は一番それをしやすい環境なのではないでしょうか。「考える」「学ぶ」ことに照れないでください。そして「考える」人になっていってもらいたいと思います。

第8章 「そうぞう」力の養成

＊＊この章の目的＊＊　この章ではクリエイティブな問題を通して、「そうぞう（想像・創造）力」を磨き上げていきましょう。

＊＊ キーワード ＊＊　イメージ、クリエイティビティ（創造性）、意味、命名、レトリック

　歌人・劇作家の寺山修司（1935-1983）は、「事物のフォークロア」という詩で「どんな鳥だって　想像力より高く飛ぶことはできないだろう」と言葉を残しました。想像の世界では私たちは自由であり、無限の可能性を秘めています。

（1）「そうぞう」して書く

　ごく日常的で当たり前に感じる言葉でもほかの人に説明するときに苦労することがあります。例えば、『新明解国語辞典（第八版）』（三省堂）では「世の中」の語釈に次のようなものがあります。

> 【世の中】社会人として生きる個々の人間が、だれしもそこから逃げることのできない宿命を負わされているこの世。一般に、そこには複雑な人間関係がもたらす矛盾とか政治・経済の動きによる変化とかが見られ、許容しうる面と怒り・失望をいだかせる面とが混在するととらえられる。

　「世の中」一つとっても、その意味は一人ひとり異なります。その言葉の意味のどこにポイントをしぼって、相手に伝えることができるかが鍵になります。

　問題1　自分なりに「恋愛」の語釈を考えてみましょう。

⇒ ＿＿＿＿＿＿＿＿＿＿＿＿＿＿＿＿＿＿＿＿＿＿＿＿＿＿＿＿＿＿＿＿＿＿

＿＿＿＿＿＿＿＿＿＿＿＿＿＿＿＿＿＿＿＿＿＿＿＿＿＿＿＿＿＿＿＿＿＿＿＿

＿＿＿＿＿＿＿＿＿＿＿＿＿＿＿＿＿＿＿＿＿＿＿＿＿＿＿＿＿＿＿＿＿＿＿＿

＿＿＿＿＿＿＿＿＿＿＿＿＿＿＿＿＿＿＿＿＿＿＿＿＿＿＿＿＿＿＿＿＿＿＿＿

（2）ネーミング

　皆さんの身の回りにある商品の名称は、誰かの「そうぞう」力によってつけられています。例えば、アイスキャンディーの「ガリガリ君」（赤城乳業）では「ガリガリ」というオノマトペ（擬音語）が効果的に食感を表していますし、チョコレート菓子の「小枝」（森永製菓）はまさに見た目が小枝に似ているため、比喩に基づいて命名がなされています。ネーミングにおいて、オノマトペや比喩などのレトリックを用いることで、よりアピールしたい側面に焦点をあてて、相手に商品の魅力を伝えることができます。

　| 問題2 |　新しい「お菓子」のネーミングを考えてみましょう。

お菓子の名前　　⇒＿＿＿＿＿＿＿＿＿＿＿＿＿＿＿＿＿＿＿＿＿＿＿＿

名前の由来　　　⇒＿＿＿＿＿＿＿＿＿＿＿＿＿＿＿＿＿＿＿＿＿＿＿＿

＿＿＿＿＿＿＿＿＿＿＿＿＿＿＿＿＿＿＿＿＿＿＿＿＿＿＿＿＿＿＿＿＿＿

＿＿＿＿＿＿＿＿＿＿＿＿＿＿＿＿＿＿＿＿＿＿＿＿＿＿＿＿＿＿＿＿＿＿

＿＿＿＿＿＿＿＿＿＿＿＿＿＿＿＿＿＿＿＿＿＿＿＿＿＿＿＿＿＿＿＿＿＿

（3）読み手を惹きつけるエッセイやブログ

　この章では、実務的な情報を正確に伝達しない点では、狭義の実用文を扱っているわけではありません。苦手な人にとってはこの伝えるべき情報がはっきりしていないということ自体が書くことを難しくする一因となっています。

　| 問題3 |　エッセイを読み比べてみましょう。

　以下の【例文1】と【例文2】はいずれも「アルバイト」というタイトルのもと、300字以内で書かれたエッセイです。2つを読み、よいと思うエッセイを選んでください。またその理由も考えて書いてみましょう。

【例文1】
　大学1年生のときはコンビニでアルバイトをしました。毎日、商品を陳列したり、レジを打ったりしました。大学2年生のときには、郵便局でアルバイトをしました。はがきや手紙の仕分けをしました。ずっと立ち仕事だったので、足が疲れました。大学3年

生のときは夏休みに海の家（江の島）のアルバイトをしました。寮で寝泊りをして、掃除をしたりお客さんの食事の用意をしたりしました。時給はまあまあよかったですが、とにかく忙しかったです。

【例文2】
　大学3年生の夏、期末試験を無事に終えた僕はアルバイトを探していた。アルバイト情報誌を立ち読みしてよさそうなものを見つける……そこで僕は居酒屋のアルバイトを見つけた。その広告で最初に僕の目についたのは「風通しのいい職場です」というフレーズだ。僕は人見知りで、あまり大学に友達がいない……。「風通しのいい職場」なら、きっとバイト同士仲がよいはず。「よし！」僕はここで友達をたくさん作るんだ！……強く心に決めてアルバイトに応募し、採用！　アルバイト初日を迎えた。僕は驚愕(きょうがく)した。お店は古くて、お客さんも他のバイトもほとんどいない……。クーラーの音だけが響いていた。たしかに「風通しのいい職場」だけどもさ……。

よいと思ったほうのエッセイ　　⇒ _____

その理由

⇒ _____

　どちらがおもしろいエッセイでしたか。ほとんどの人が【例文2】の方がおもしろいと感じたのではないでしょうか。なぜ多くの人が【例文2】の方がよいと感じたのか、そこにポイントがあります。【例文1】の文章になく、【例文2】の文章にあるのは、以下の3つのポイントがあり、それがエッセイをおもしろくしているのです。エッセイなど「そうぞう」力で書くポイントは次の3点です。

★章のポイント1　まとまったエピソードであること。
　【例文2】にはまず、まとまりのよい文章（大学3年生の夏、期末試験を無事に終えた僕はアルバイトを探していた）が書かれています。しかし、【例文1】にはまとまったエピソードがありません。

★章のポイント2　具体的（絵が浮かぶよう）に書く。
　また、【例文2】は具体的な描写（「居酒屋の求人や店内の様子」）が多いのも特長でしょう。それに対し、【例文1】には具体的な描写が見られません。

★章のポイント3　オチをつけて書く。

さらに、【例文2】においては、「風通しのいい」という言葉が考えていた意味と違ったというオチがつきます。そもそも、【例文1】はオチまでたどり着いていません。

巻末の ✎練習問題 を解きましょう。　☞ p.107 ～ p.112

コーヒーブレーク

　「そうぞう」の力。人間が人間であるゆえんの力です。創造（クリエイティビティ）と想像（イマジネーション）の力があるからこそ、人類は文明を作り上げ新しい文化を築いてこられたのでしょう。特に現代は人間のこの力を必要としているのではないでしょうか。あなた方自身の中から生まれてくる「モノ」「考え方」「作品」「生き方」。まねではない、あなた独自のもの。そんな何かをつかめる人は幸せです。今でなくても構いません。時間をかけて一生をかけて「自分のモノ」を探していってください。それから「想像」すること。相手の心・人に共感し他人に寄り添っていける自分の心のやわらかさ。それは想像力のたまものです。そしてイマジネーションを自在に解き放って、たまにはあなたの心を実生活から自由にしてあげること。趣味を持つのもいいでしょうし、新しい勉強をしてみるのもいいでしょう。あなたの人生はあなたのものです。でも、それが他人の幸せにつながっているなら、もっともっと幸せな人生になると思います。どうぞ、学校で学んだ知識をもとに「そうぞう」力の翼をはばたかせ、未来に飛び立って行ってください。そのとき「言葉」はあなたとともに新しい世界にはばたいていくことでしょう。

第9章　要約の方法

＊＊この章の目的＊＊　文章の要点をつかみ、要点のはっきりした文章を書く。
＊＊ キーワード ＊＊　キーワード、中心文、繰り返し、具体例、指示語、接続語

　先行研究をまとめたり会議のサマリーを作ったり、口頭で「要点だけ教えて」などと言われたり、情報過多な社会にあって、私たちが「まとめの言葉」を求められる場面はたくさんあります。ここでは文章の要旨（重要な筋）の読み取りを中心に、言葉を整理してまとめる練習をしていきましょう。

問題1　【例文】を読んで、キーワードを答えましょう。

【例文】

　①人工知能の研究者は、コンピュータやロボットなどの人工物に知能をもたせることを目ざして研究している。②人間の知っている範囲で最も高度な知能をもっているのは人間自身なので、人工知能は人間のような知能を目ざすことになる。③人間は「いろいろなこと」ができる。④例えば、言葉を話したり理解したりできる（人工知能では「自然言語処理」という領域になる）。⑤目で見たものが何かを理解できる（「画像認識」という）。⑥耳で聞いたことを理解できる（「音声認識」という）。⑦人間の知能というのは、これらいろいろな能力を合わせたものなのである。⑧人工知能研究は、こうしたさまざまな能力を、コンピュータにもたせようとしている。

⇒ _____

★章のポイント１　**キーワード（多く登場する言葉）を見つけて、おおまかな流れをつかむ。**

　文章のおおまかな流れをつかむために、まずその文章のキーワードを押さえましょう。
　では、キーワードとは何でしょうか。簡単に言えば印象に残る言葉、何回も登場する言葉です。筆者の述べたいことに関連する言葉ほど、多く登場することになります。

問題2　**問題1**の【例文】の中心文を答えましょう。

⇒ _____

_____

_____

★章のポイント2　各段落の中心文を探す。

　キーワードは見つけられましたか？　とは言え単語を見つけただけでは、その文章全体の話題（「何」についてか）しか分かりません。「何が、どうした」のか、つまり要旨が分かるようにするには、各段落の要点をつかむ必要があります。

　各段落の要点は、たいてい「中心文」として本文中に書かれています。「中心文」とは、文字通り各段落の中心となっている文のことで、「〜だと考える」など筆者の考え・主張を述べている文や、紛れもない事実として断言している文、「つまり〜」などの筆者自らまとめをしている文などが挙げられます。

　また、中心文にキーワードが含まれているということもよくあります。各段落で、キーワードに関連したどのような中心文があるのかに着目して、要旨を見極めていきましょう。

問題3　**問題1**の【例文】の中から、ほぼ同じ内容の繰り返しとなっている文と、具体例を述べている文を、それぞれ①〜⑧の番号で答えましょう。

繰り返しの文　　⇒ _____
具体例の文　　　⇒ _____

★章のポイント3　重複するものや具体的なものは省略をする。

　各段落の中から残すべき重要な文（中心文）を抜き出していけば、要約の骨組みはできあがります。では、反対に省くべきものとは一体どのようなものでしょうか。一般的には、具体例・繰り返し（言い換え）・装飾的な表現などが挙げられます。ただし、これらはあくまで話の筋をシンプルにするためには省いたほうがいい、というだけのものです。本当に不要なら筆者も書きません。文章を分かりやすくしたり、説得力を持たせたりするためには必要不可欠なものなので、注意してください。

問題4 問題1 の【例文】で見つけたキーワードの類義語を答えましょう。また、キーワードとほぼ同じ意味の表現を探しましょう。

類　義　語　　⇒ _____

ほぼ同じ意味の表現　⇒ _____

★章のポイント4　前後関係をつかんで補足する。

　具体例や繰り返しを省き中心文を見つけたら、今度は各中心文をつなげます。とは言え、ただ中心文をつなげただけでは分かりにくい文章になりがちです。

　文章は箇条書きとは違います。言葉と言葉の間には組み替えにくいつながりがあって、強引に足したり引いたりしようとしても無理が出てきます。そうしたときに必要なのが、自分で補足をしたり、言い換えたりする力です。

　中心文だけでは情報が足りないという場合、次の点に注意して補いましょう。

①　指示語が何を指しているのか分かるようにする。

②　接続語の前後の関係が分かるようにする。

③　文脈に合った類義語や表現に言い換える。

★章のポイント5　文章内の関係性をつかんでまとめる。

　このように省略や補足を重ねることで"意味の分かる要約文"のできあがりです。しかし、見返してみると、まだまだ要約できそうと思うかもしれません。そう思えたのならあなたが文章のポイントをしっかりつかめた何よりの証拠です。

　文章のポイントを探しながら読むことで、文章の組み立ても見えてきます。何を述べているのかの見通しが立てば、より分かりやすくてシンプルな要約を作ることもできます。見直しを繰り返し、文章理解を深めて、よりよい要約文を書きましょう。

　巻末の 📝練習問題 を解きましょう。 ☞ p.113 ～ p.116

コーヒーブレーク

　要約は書けば書くほど上手になります。コツがつかめるのだろうと思います。いろいろな文章を2分の1、3分の1、4分の1の量にまとめていく練習はいつでもどこでも、そしてどんな言葉でも練習できますね。特に報道の仕事に就きたいと思う人にとっては必要な技術になります。

　いろいろな文章を読むことも実は思いがけない勉強になるのです。あまり興味のない分野の文章でも、要約するために何度も読んでいると、よく分かってくる感じがします。おかげで私も、宇宙や昆虫、ヒアルロン酸や社会学といったいろいろな知識に触れることができました。要約練習の素敵なオマケです。

第10章　敬語―待遇表現―

＊＊この章の目的＊＊　私たちは、日々、さまざまな相手と会話をしたり、メールで連絡を
取り合ったりしています。社会ではいろいろな場面で適切な敬語を
使うことが求められています。この章では、円滑なコミュニケー
ションが取れるように基本的な敬語の知識（「尊敬語」「謙譲語」「丁寧
語」）を確認し、「使える敬語」を目指して勉強しましょう。

＊＊ キーワード ＊＊　尊敬語、謙譲語、丁寧語、二重敬語

（1）敬語とは

　敬語は、相手に対して敬意を伝えるために使う言葉です。社会で気持ちよくコミュニ
ケーションを取っていくためには必要な言葉です。「敬語は苦手」という人は、もう一度
基本を確認しましょう。

（2）敬語の分類

　2007（平成19）年2月、文化審議会が答申した「敬語の指針」の中で、敬語を5分類し
ました。

① 　尊敬語　　相手側または第三者の行為・ものごと・状態などについて、その人物を立
てて述べるもの。【例】「いらっしゃる」「おっしゃる」 など。

② 　謙譲語Ⅰ　自分側から相手側または第三者に向かう行為・ものごとなどについて、そ
の向かう先の人物を立てて述べるもの。【例】「伺う」「申し上げる」 など。

③ 　謙譲語Ⅱ（丁重語）　　自分側の行為・ものごとなどを、話や文章の相手に対して丁重
に述べるもの。【例】「参る」「申す」 など。

④ 　丁寧語　　話や文章の相手に対して丁寧に述べるもの。【例】「です」「ます」 など。

⑤ 　美化語　　ものごとを美化して述べるもの。【例】「お酒」「お料理」 など。

　以下、敬語の説明は3分類で行います。

★章のポイント　誰の動作かを間違わないようにする。

（3）尊敬語の作り方

① 　尊敬の動詞を使う。

　【例】行く→いらっしゃる　　言う→おっしゃる　（☞（6）敬語一覧　動詞参照）

② 　「お（ご）〜になる」の形。

37

【例】話す→お話しになる　　書く→お書きになる　　見る→ご覧になる

③　尊敬の助動詞「れる」「られる」を使う。

　　【例】話す→話される　　来る→来られる

④　尊敬の動詞でお願いをする。

　　【例】待つ→お待ちください　　止める→お止めください

[問題1]　次の各文の下線部分を尊敬語に直しましょう。

①　先生が来ました。　　　　　　⇒ _____

②　社長がA氏に会いました。　　⇒ _____

③　先生、いつごろ帰りますか。　⇒ _____

（4）謙譲語の作り方

①　謙譲の動詞を使う。　　　【例】行く→伺う　　見る→拝見する

　　　　　　　　　　　　　　（☞（6）敬語一覧　動詞参照）

②　「お（ご）〜する」の形。　【例】持つ→お持ちする　　案内する→ご案内する

③　「お（ご）〜いたす」の形。【例】届ける→お届けいたす　　報告する→ご報告いたす

　　　　　　　　　　　　　　※「〜する」動詞の場面は日常的に使われることがあります。

[問題2]　次の各文の下線部分を謙譲語に直しましょう。

①　私から福田先生に言いましょう。　⇒ _____

②　秋山先生、私が荷物を持ちます。　⇒ _____

③　私が隣の部屋にいます。　　　　　⇒ _____

（5）丁寧語の作り方

助動詞「です」「ます」を添える。

　　【例】これから出かけます。　　渡辺さんはとても親切です。

※「です」は丁寧な表現として「ございます」になります。

　　【例】お待ちどうさまでした。餃子定食でございます。

[問題3]　次の各文の下線部分を丁寧語に直しましょう。

①　このカメラは新商品だ。　　　⇒ _____

②　絵を描いた。　　　　　　　　⇒ _____

③　ネクタイ売り場は3階である。⇒ _____

（6）敬語一覧　動詞

動詞	尊敬語	謙譲語
会う	お会いになる	お目にかかる　お会いする
言う	おっしゃる	申す、申し上げる
行く　来る	いらっしゃる、おいでになる、お越しになる	参る、伺う
いる	いらっしゃる、おいでになる	おる
思う	お考えになる、お思いになる	存じる、存じ上げる
聞く	お聞きになる	伺う、拝聴する、承る
知る	ご存知だ	存じ上げる、存じる
する	なさる	いたす
食べる　飲む	召し上がる、おあがりになる	いただく、頂戴する
見る	ご高覧・ご清覧・ご覧になる	拝見する、見せていただく
もらう	お収めになる、お受け取りになる　ご笑納・ご査証ください	いただく、頂戴する、拝受する

（7）動詞以外の尊敬語・謙譲語の作り方

①　尊敬の接頭辞を添える。　　【例】お名前　　ご意見　　おみ足　など

②　尊敬の接尾辞を添える。　　【例】山田様　　田中氏　など

※役職名が敬称になる　　　　【例】佐藤先生　　太田課長　など

①'　謙譲の接頭語を添える。　　【例】粗茶　　拙文　など

②'　謙譲の接尾辞を添える。　　【例】私ども　　わたくし

（8）日常よく使われる「組織の言葉」

	相手方	自分方
学校／大学	貴校／貴学	本校／本学
会社	貴社／御社	弊社／小社

（9）日常よく使われる「改まった言い方」

こっち	こちら	いくら	いかほど
そっち	そちら	どんな	どのような
あっち	あちら	もう一度	再度、改めて
どこ、どっち、どれ	どちら	今日 （きょう）	本日
誰	どなた、どちら様	昨日 （きのう）	昨日 （さくじつ）
今度	このたび、今回	一昨日 （おととい）	一昨日 （いっさくじつ）
すぐに	ただいま、至急	明日 （あした）	明日 （あす／みょうにち）

(10) 二 重 敬 語

同じ種類の敬語を重ねて使うことを言います。これは正しくありません。

① 言う：×おっしゃられる　おっしゃる（尊敬語）＋尊敬の助動詞（られる）
　　　　　　　　　　　　→正解　おっしゃる　　言われる

② 見る：×ご覧になられる　ご覧になる（尊敬語）＋尊敬の助動詞（られる）
　　　　　　　　　　　　→正解　ご覧になる　　　見られる

③ 食べる：×お召し上がりになられる　お召し上がりになる（尊敬語）＋
　　　　尊敬の助動詞（られる）→正解　召し上がる

④ 読む：×お読みになられる　お読みになる（お〜になる）＋尊敬の助動詞（られる）
　　　　　　　　　　　　→正解　お読みになる

⑤ 帰る：×お帰りになられる　お帰りになる（お〜になる）＋尊敬の助動詞（られる）
　　　　　　　　　　　　→正解　お帰りになる

巻末の　✎練習問題　を解きましょう。　☞ p.117 〜 p.119

商業敬語（ファミコン敬語）

　商業敬語とは、飲食店・サービス業などの従業員の使う過剰、かつ誤りとされる敬語表現のことやバイト敬語を言います。ファミリーレストランやコンビニエンスストアに多いことから、ファミコン敬語とも言います。現在も多くの商業敬語が生み出されています。いくつか挙げると、「お待ちどおさまでした」や「ご利用していただけます」「ご注文は以上でよろしかったでしょうか」「こちら、（ラーメン）の方になります」「いらっしゃいませ、こんばんは、ようこそ」「コーヒーをお待ちのお客様」「1000円からお預かりします」「こちら、ハンバーグセットになります」などといった例があります。

コーヒーブレーク

　「敬語は難しいから嫌い」「どうも敬語は苦手で……」。皆さんの周りにもそんな敬語観を持っている人は多いかもしれません。就職などで急に敬語のセミナーを受けたりするので、よけいそう思うのかもしれません。でも、そんなことはまったくありません。敬語は日本語の中で最も組織だった体系なのです。「身分」などと思うから「時代遅れ」「面倒くさいもの」、という感じがするのかもしれないと思います。「身分」ではなくて自分のその方への「尊敬の気持ち」「リスペクト」を表すものと思ったらどうでしょうか。日本語には昔から非常に整った敬語体系がありました。日本人は相手の方に対する敬意を言葉で表すのに長けていたのです。源氏物語などでは主語が明示されていなくても、敬語関係をたどるだけで誰が誰に対してしている動作か、はっきりするのです。韓国語にも見事な敬語体系があります。ただ韓国の敬語は絶対敬語で、自分の目上の方にはいつでも尊敬を使うことができます。「私のおばあ様がおっしゃいました」と言えるのですが、日本語は相対敬語。「わたしの祖母が申しました」になるのです。ミウチとソトの論理がそこに働いてきます。実におもしろいではありませんか。それからもう一つ。敬語は常に使うことで簡単に身につきます。アルバイトや大学の先生相手にどうぞ正しい敬語を使う練習をしてください。

第11章 実用文書—履歴書—

＊＊**この章の目的**＊＊　この章では、実用文書の基本を学び、実際に「エントリーシート」「履歴書」「自己PR文」を書く際の重要な事項を学習します。完成した自身の文章をそれぞれ客観的に読み返し、実用文としての体裁や表現方法を学び、適切に書けるようにしましょう。また、実用文書（本章では履歴書）の作法や知識も身につけてください。

＊＊　**キーワード**　＊＊　正式な情報、書き方のルール、具体的な説明、内容の統一性、読みやすさ

（1）公的な書類としての履歴書

　履歴書は、希望する就職先やアルバイト先に提出する書類です。履歴書は受け入れる側がその人物を採用するか否かを判断する重要な資料です。そのため、履歴書は、採用後はその人物についての正式な書類として受け取られます。したがって、採用側が求める情報を正確に分かりやすく記入する必要があります。履歴書は「履歴」部分と「自己紹介」部分とで構成されます。「履歴」部分は氏名や住所、学歴など、個人の基本となるデータを記入する部分で、「自己紹介」部分は性格や志望動機など自分がどのような人物でなぜその仕事を希望しているのかを伝える部分です。「自己紹介」部分に企業オリジナルの応用を加えたものが「エントリーシート」でしょう。

　[問題1]　次ページの様式に鉛筆もしくはシャープペンシルで履歴書の下書きを作成しましょう。書き方が分からないところは空欄のままで構いません。

　「履歴」部分の役割は「個人のデータを正しく読みやすく明示する」ことです。そのために書き方のルールが決まっています。履歴書を書く際には書き方のルールにそって正確な情報を記入する必要があります。誤った情報を記入すると「経歴詐称」になる可能性があります。注意してください。正しい書き方は（見本）で確認してください。

履　歴　書　　　　　　　　　　　　　　　年　　月　　日 現在

ふりがな			
氏　名			

年　　　月　　　日生（満　　歳）	性別	男・女

電話番号		E-mail	

ふりがな	電話
現住所 〒	
	FAX

ふりがな	電話
連絡先 〒　　　　　（現住所以外に連絡を希望する場合のみ記入）	
	FAX
方	

年	月	学歴・職歴

・履歴書「履歴」部分（見本）

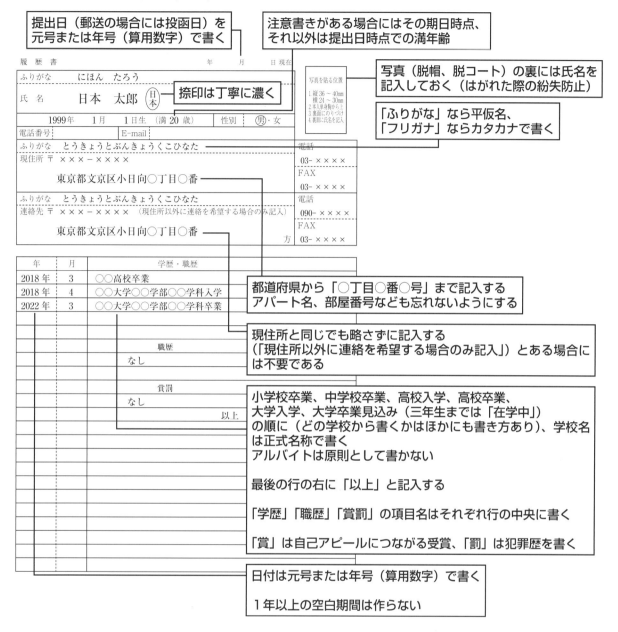

提出日（郵送の場合には投函日）を
元号または年号（算用数字）で書く

注意書きがある場合にはその期日時点、
それ以外は提出日時点での満年齢

写真（脱帽、脱コート）の裏には氏名を
記入しておく（はがれた際の紛失防止）

捺印は丁寧に濃く

「ふりがな」なら平仮名、
「フリガナ」ならカタカナで書く

都道府県から「○丁目○番○号」まで記入する
アパート名、部屋番号なども忘れないようにする

現住所と同じでも略さずに記入する
（「現住所以外に連絡を希望する場合のみ記入」）とある場合に
は不要である

小学校卒業、中学校卒業、高校入学、高校卒業、
大学入学、大学卒業見込み（三年生までは「在学中」）
の順に（どの学校から書くかはほかにも書き方あり）、学校名
は正式名称で書く
アルバイトは原則として書かない

最後の行の右に「以上」と記入する

「学歴」「職歴」「賞罰」の項目名はそれぞれ行の中央に書く

「賞」は自己アピールにつながる受賞、「罰」は犯罪歴を書く

日付は元号または年号（算用数字）で書く

1年以上の空白期間は作らない

さて、自分の履歴書の下書きは完成しましたか。それでは清書をしてください。

　職種によっては、清書に手書きの文書を求めることもありますが、近年ではPCでの作成が一般的です。文書作成ソフトでは誤字・脱字のチェック機能も充実しているので便利でしょう。手書きの場合では、「丁寧に清書しているか」が重視されます。また以下にも注意してください（①、②は手書きで作成する場合）。

① 　黒の筆記用具（万年筆やボールペン）で略字を用いずに丁寧に記入しましょう。

② 　書き間違えた箇所は修正液で直すことはせず、新しい履歴書に書き直してください。

③ 　PCで作成する際、フォームに合わせて入力し、誤字・脱字や誤変換に注意する。

④ 　提出前に再度、内容を見直しましょう。

⑤ 　写真は、サングラスや帽子、マスクといった顔を覆うものは外しましょう。写真の裏

には氏名を書き、糊でしっかりと貼ってください（セロテープは不可）。無地背景・正面撮りのものを基本とし、顔の大幅な加工修正をほどこした写真といった本人かどうか認識しづらいものやプリントシールの使用は避けてください。

★章のポイント1　履歴書（「履歴」部分）の書き方

・正式な情報を記入しましょう。
・書き方のルールにしたがい、丁寧に記入しましょう。

履歴書を入れる「封筒」の書き方【おもての書き方】

① 郵便番号記入欄に郵便番号を明記し、欄がない場合は、封筒の右上にそのまま書きます。

② 縦書きで封筒の右側に宛先の住所を書きます。

③ 封筒の中央やや右に会社名を書きます。会社名の次の行に宛名を少し大きめの文字で担当部署・課から書き始めます。担当者が分かっていれば「○○様」と書き、「御中」はつけません。

④ 左下に赤いボールペンで「履歴書在中」と書き、定規を使って四角く囲います。

封書の書き方

【おもて】
① 〒123-4507
② 東京都港区青山1-2-3　○×タワー2階
③ 株式会社　にこにこカンパニー　総務部人事課　御中
④ 履歴書在中

【うら】
① フラップ
② 令和○年×月×日
　〒123-4507
③ 東京都文京区北1-2-3　○×ハイツ5号室　日本　太郎

【うらの書き方】

① 必要書類をすべて入れたら、フラップの裏面に全体的に糊をつけ、封をします。その上から「〆」マークを書きます。

② 封筒の左下に自分の郵便番号・住所・名前を書きます。都道府県名から、建物名なども省略せず書きます。

③ 住所の上に、縦書きで投函する日付を記します（※採用担当者が封書が届いていることに気づいていなかったとき、応募者自身が早々に送付していたことが伝わります）。

（2）「自己紹介」部分は具体的に分かりやすく表現しよう

次に、「自己紹介」部分を書きます。採用する側は「この人物は、自分のところで活躍してくれるのだろうか」という観点であなたを見ています。市販の履歴書セットや各学校の就職課が用意した履歴書フォーム・企業指定のフォームなど、いくつかの種類があり、「自己紹介」部分の項目やスペースなどが異なるので、実際に使用するときには、比較・

検討して自分を十分にアピールできるものを選びましょう。ここでは、エントリーシートにも応用でき、またアルバイト先でも使えるやや丁寧な自己紹介文を作成します。

　次の【よくない例】と【よい例】を比べましょう。【よくない例】は、欄に空白が目立ち、書いていることも単語の羅列で具体的ではありません。これでは当人がどのような人物か分かりません。例えば趣味は「読書」だけではなく、具体的に何を読んでいるのかなど具体的な内容を書きましょう。長所や短所など自己アピールを書く場合には、自分だけが分かる「自己完結」にならないように他の人の評価や具体的なエピソードなどを入れるとより説得力が増すでしょう。

　「志望動機」欄も同様です。志望動機では、なぜその「仕事」や「職場」を希望するようになったのかが重要になります。【例】では「書店を志望」ですが、「自宅の最寄り駅から近いから」という理由では「どこの書店でもいいのではないか」と思われてしまいます。自分がなぜその店を選んだのか、なぜそこで働きたいと思ったのかを書きましょう。例えば、「働いている場所や店員たちの印象がよい」「店内の雰囲気が好き」など多角的な観点から具体的に説明するようにしましょう。

　下書きを書いたら全体を通してもう一度読み直してみましょう。個別の内容がいくらよくても、全体に一貫性がないと説得力がありません。例えば、「自己アピール」の欄に「努力家なところ」と書いてあるのにもかかわらず、その欄に何も自分を伝える努力をしていなければ、「努力家なところ」と言われても説得力がなく採用側は不安になります。自己分析や仕事の分析などを丁寧に行い、採用側から「この人なら採用したい」「一緒に仕事をしたい」「面接したい」と思ってもらえる履歴書を目指してください。

★章のポイント２　履歴書（「自己紹介」部分）の書き方

・どの項目に関しても具体的に説明をしましょう。
・全体の内容にも統一性を持たせましょう。

【よくない例】　アルバイト先への応募（書店）

「自己紹介」部分

志望動機	自宅の最寄り駅から近いから。
自己アピール （私の特徴・長所・短所 など）	努力家なところ。
卒論・研究課題 ゼミナール・得意科目	国際関係。
課外活動 （クラブ・サークル・ボ ランティア・インターン シップ・地域活動など）	市民ボランティア。
趣味・特技	読書。
資　格	運転免許。

【よくない例】　アルバイト先への応募（書店）

【よい例】　アルバイト先への応募（書店）

「自己紹介」部分

志望動機	私は、客としていつも貴店を利用しておりました。貴店を訪れるたびにお客様とのコミュニケーションを大切にする店員の皆さんに接し、あたたかい雰囲気に触れ、私もこのようなところでぜひ働きたいと思いました。また、趣味が読書なので、読者の一人として、お客様の求めるサービスを身近に伝えられる一助になるのではないかと考えています。
自己アピール （私の特徴・長所・短所など）	私の長所は、他者を思いやることができ、何事においても真面目で1つのことに集中して粘り強く実行できるところです。大学1年生からダンス部に所属しており、顧問の教員や部員から「他者に思いやりがある」と推薦され、副部長を1年間務めてきました。この経験からも思いやりを持って接客ができると思います。
卒論・研究課題 ゼミナール・得意科目	国際コミュニケーションについて学んでいます。高等学校時代から外国語コースに在籍し、外国人留学生とともに英語合宿を経験したり、大学ではカナダで1か月の語学研修に参加し、日本文化を紹介するボランティア活動を行ったりしていました。このことからも、出会った方々との間に、もし、言葉、宗教、習慣、文化の違いによって困難が生じた場合にも、問題解決に努めることができると考えています。
課外活動 （クラブ・サークル・ボランティア・インターンシップ・地域活動など）	小学3年生からガールスカウトをしてきました。そこで多くの人たちと協調性を持って1つのことに集中して粘り強く実行することの大切さを学びました。この経験によって私自身いかなる問題も投げ出さず、最後まで取り組んでいく能力が培われたと思います。
趣味・特技	趣味は、読書です。特に小説や雑誌が好きです。小説ではSFが好きです。最近は、星新一のショートショートに熱中しています。短編なのに、いつも予想を裏切られるおもしろさがあります。 特技は、ダンスです。先述の通り、大学生活のほとんどをダンスに打ち込んできました。ダンスは1人だけ上手になればよい、というわけではなく、個人技能のほか他者とも合わせなければいけない競技です。ダンスを通して他の人を思いやり、協調することを学びました。
資　格	普通自動車第1種運転免許　取得（2020年3月） 秘書技能検定試験2級　取得（2020年6月） 実用英語技能検定2級　取得（2021年3月）

アルバイトを希望する店宛に提出するという想定で履歴書の「自己紹介」部分
を完成させましょう。

希望する店　⇒ _____

「自己紹介」部分

志望動機	
自己アピール （私の特徴・長所・短所 など）	
卒論・研究課題 ゼミナール・得意科目	
課外活動 （クラブ・サークル・ボ ランティア・インターン シップ・地域活動など）	
趣味・特技	
資　格	

さて、履歴書の書き方について分かりましたか。

それでは、巻末の 　✎**練習問題**　を解きましょう。　☞ p.121 ～ p.124

第12章　実用文書―メール―

＊＊この章の目的＊＊　簡潔で丁寧なメールの書き方について学びましょう。
＊＊　キーワード　＊＊　丁寧、簡潔、形式、用件

| 問題1 | まず、以下のAとBの2つのメールの文章を読みましょう。

| A | 先生、こんにちは。お疲れ様です。奨学金の面談をしてください！私は月曜か火曜日の2・3限とかが空いてるので、研究室へ行ってもいいですか。4月30日締め切りなので焦ってます🙀なるべく早くお返事ください。

| B | 山口隆正先生

いつもご指導いただき、ありがとうございます。基礎ゼミの
文学部日本語学科1年の高橋まり（学籍番号0123456789）です。
今月末（4月30日）締め切りの奨学金の申請準備をしております。
申請のための教員面談を山口先生にお願いしたく、ご連絡いたしました。
先生のご都合のよい日時に研究室を訪問させていただき、面談をお願いできないでしょうか。
お忙しいところお手数をおかけして申し訳ありません。
よろしくお願いいたします。

　さて、どうでしょうか。どちらも学生が大学の先生に面談をしてほしいと依頼しているようです。AとBを比べて、違うところを見つけて、どちらの文章のほうがメールとして適切かを考えてください。

適切なメール　　⇒　＿＿＿＿＿＿＿＿

　Bのほうが適切なメールと言えるのではないでしょうか。先生に依頼をしているのですから、表現や依頼の仕方が失礼ではないか、先生を困らせてしまわないか気をつける必要があります。

★章のポイント1　メールの内容に合わせて、適切な表現・書き方で書く。

　目上の人である先生に依頼するメールなのに、Aのメールは表現や書き方に丁寧さが足りません。まず、名乗っていないので、先生は「このメールは誰からのメールだろう」と

困ってしまいます。そして、「2・3限とかが空いてるので」などの話し言葉は使うべきではありませんし、「🐘」のような絵文字も使用しません。また、自分の都合や事情、感情ばかり書くのもよくない印象を与えます。

★章のポイント２　メールの形式に合わせて書く。

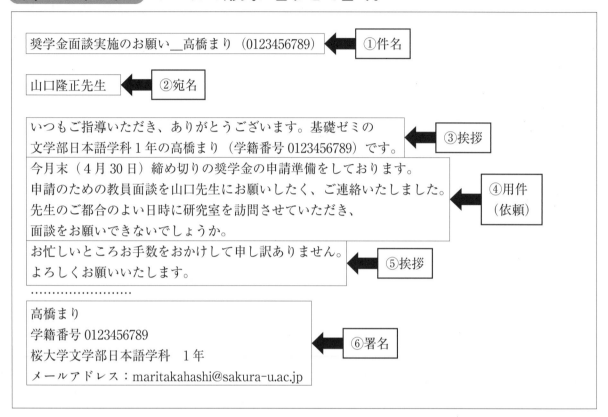

　メールは、ある程度長くてまとまりのある文章を書く必要があり、基本となる形式もおよそ決まっています。形式に合わせて書けば、あまり悩まなくていいですし、メールをもらったほうは読みやすくなります。①〜⑥を書くときに気をつけるべきことは以下の通りです。

① **件名**　　件名は必ず書くようにしましょう。件名なしのメールは、読むのを後回しにされたり、読まずに捨てられたりする可能性もあります。

　　依頼のメールであれば、「〜のお願い」という件名をつけます。質問や相談のメールであれば、「〜についてのご質問／ご相談」などとします。〜の部分はなるべく具体的な内容が分かるように書きます。

② **宛名**　　大学の教員宛であれば、「名前＋先生」とするのが一般的です。大学の職員宛や学外の人宛であれば「名前＋様」とします。

　　会ったことのない相手に出すときや、メールを初めて出すときは、相手の所属と名

50

前（フルネーム）＋敬称を書くと丁寧です。【例】「桜大学商学部　山田太郎先生」

③　**挨拶**　挨拶に加えて、名前を伝えます。初めてメールをする場合は、「初めてご連絡いたします」、2 回目以降は「お世話になっております」が定型的によく使われます。名前を名乗るのに加えて、必要であれば所属も伝えましょう。大学の教職員宛であれば、「所属学部学科＋学年＋名前＋学籍番号」を書くようにしましょう。

④　**用件**　このメールの用件が何なのかはっきりと伝えましょう。用件を最初からいきなり書くのではなく、状況や事情を簡潔に書き、それから用件を書きます。

【例】　①状況説明　今月末（4 月 30 日）締め切りの奨学金の申請準備をしております。

　　　②依頼　申請のための教員面談を山口先生にお願いしたく、ご連絡いたしました。先生のご都合のよい日時に研究室を訪問させていただき、面談をお願いできないでしょうか。

⑤　**挨拶**　用件の後の挨拶としては、「よろしくお願いいたします」がよく使われる表現です。

　依頼のメールでは、「お忙しいところお手数をおかけして申し訳ありません」などの 1 文を添えて、相手への感謝と申し訳ない気持ちを伝えましょう。

⑥　**署名**　最低限、自分の名前と所属、連絡先を記載しましょう。大学の関係者に出すメールには、学籍番号を記載するのもいいでしょう。

問題 2　　問題 1　Ｂ の高橋さんは、その後、山口先生から 4 月 20 日 13：00 から面談 OK の返事をもらいました。高橋さんも了解しましたが、しかし、しばらくして、その約束をキャンセルしなくてはいけなくなりました。この場面では、どのようにメールの文面を作成すればよいでしょうか？

件名

巻末の　練習問題　を解きましょう。　☞ p.125 〜 p.128

第13章　資料の集め方

＊＊この章の目的＊＊　文章作成にあたっての資料の集め方について学びます。
＊＊　キーワード　＊＊　資料、検索、インターネット、図書館

　　レポートや論文を作成するには、資料収集が欠かせません。資料収集の目的は、これから書こうとする内容についてのこれまでの知見や統計データを知ることです。具体的には書籍・新聞・雑誌・論文・統計データ、さらにはネット上の情報などがあります。

　　かつて資料収集と言えば、まず図書館に行って、関連する書籍や雑誌を探したり、新聞記事を検索したりするのが一般的でした。しかし、近年は、インターネットの普及と進歩に伴い、Web 上にさまざまな情報があふれています。また、スマートフォンの普及により、いつでもどこでも情報検索をすることができるようになりました。しかし、無数の情報の中から正確で信頼性のある情報を探し出すには工夫や知識そして経験が必要です。

★章のポイント１　まずは Web 検索。

（１）分からないことはすぐ調べる習慣を身につける

　　現代社会では、毎日たくさんの情報が飛び込んできます。日常生活の中で分からない情報や事柄はすぐに調べる習慣をつけましょう。この習慣を身につけることで、社会人としての教養が身につき、自分を成長させることにつながります。

　　以前は、分からないことは辞書で調べるのが普通でした。今はほとんどの人がスマートフォンを持ち歩いているので、いつでもどこでも検索ができます。電子辞書を持ち歩くのもよいでしょう。国語辞典・英和辞典をはじめ専門的な辞典など 10 冊以上が入っているものもあります。

（２）パソコンで Web 検索

　　日常的な情報検索にはスマートフォンが便利ですが、文章作成のための情報収集にはパソコンを用いるほうがよいでしょう。Web 上での情報検索の基本は、特に目新しいやり方があるわけではありません。Google や Yahoo などの検索エンジンを用いるのが一般的です。

　　一例として、現在世界的な問題となっている「地球温暖化」について調べてみましょう。まず Google で「地球温暖化」と検索してみると約 5000 万件がヒットします（2021 年 10 月現在。以下同）。上位には環境省や全国地球温暖化防止活動推進センターなどの公的機関な

どが出てきます。一般に検索の上位ほど閲覧者が多く、信頼がおける情報と言えます。

　Weblio（ウェブリオ）は500以上の百科事典・専門辞書などからの情報をまとめたもので、信頼性も高く多くの情報を一度に見ることができて便利です。

　Wikipedia（ウィキペディア）は、世界中のボランティアの共同作業によって執筆されるフリーの多言語インターネット百科事典です。誰でも編集に参加でき、内容が頻繁に更新されるため最新の情報が入手しやすい利点があります。しかし、情報の信頼性・信憑性や公正性などは一切保証されていません。あくまでも情報収集のきっかけに利用するにとどめ、大学などのレポートや論文で引用することは避けましょう。

問題1　検索エンジンで「地球温暖化」と検索し、どんな情報が出てくるか調べましょう。

⇒ _____

_____

_____

_____

_____

_____

（3）AND 検索と OR 検索

　情報をさらにしぼり込みたいときはAND（アンド）検索を使いましょう。2つ（またはそれ以上）のキーワードを「AND」または「＋」で区切って（スペースを空けて）検索するのが一般的ですが、Googleではもっと簡単に、検索するキーワードを空白で区切るだけでAND検索ができます。例えば「地球温暖化　海面上昇」とすると約55万件にしぼり込まれます。

　OR（オア）検索も覚えておきましょう。例えば「地球温暖化によって、今世紀（21世紀）末にはどれくらい海面が上昇すると予想されているのか」を調べるには「地球温暖化　海面上昇　今世紀末　OR　21世紀末」と検索します。すると「地球温暖化　海面上昇」に加えて「今世紀末」または「21世紀末」という言葉が含まれる約7万3000件が表示されました。

問題2　「地球温暖化　海面上昇　今世紀末　OR　21世紀末」と検索し、「地球温暖化によって、今世紀末にはどれくらい海面が上昇すると予想されているのか」を調べま

しょう。調べたサイト名を書いてください。

⇒ _____

_____

_____

_____

（4）集めた情報を整理する

　Web 検索によって情報検索は以前とは比較にならないほど便利になり、情報の量も格段に増えました。しかし一方で、雑多な情報ばかりが増えて収拾がつかなくなることもあります。そこで、集めた情報を整理することが以前にも増して重要になります。

　そのため Web で検索した情報のうち必要と思われるものは、どこを見たのか忘れないように「お気に入り」や「ブックマーク」に「地球温暖化」などの名前をつけたフォルダを用意して整理しておきましょう。せっかくいい情報を見つけたのに、後で何を見たのか分からなくならないようにしましょう。

| 問題3 | 　検索エンジンのブックマークまたは「お気に入り」に入れ、「地球温暖化」というフォルダを作り、検索結果の中から興味深いサイトをマークします。さらに「海面上昇」というサブフォルダを作り、分かりやすかったサイトをマークしましょう。 |

⇒ _____

_____

_____

_____

★章のポイント2　さらに深く調べよう。

（5）新聞・雑誌の記事を検索する

　新聞や雑誌の記事も重要な情報源です。特に時事問題については、新聞検索が欠かせません。新聞記事の検索は大手新聞社が公開しているデータベースが便利です。例えば、朝

日新聞の「聞蔵」、読売新聞の「読売新聞オンライン」、毎日新聞の「毎索」、日本経済新聞電子版などがあり、一定の範囲は無料で利用できます（2021 年 9 月現在）。

　また、多くの大学・公共図書館では各社の有料の検索サイトを利用できるようになっていますのでぜひ利用しましょう。また、多くの新聞雑誌記事の横断検索サービスもあります（nifty など）。検索方法も「見出し検索」「本文検索」などがあります。図書館のレファレンスデスクなどで確認しましょう。

　ここでも集めた情報を、整理・保存する（USB メモリーなど）ことを忘れないようにしましょう。

問題 4　日本経済新聞電子版で、「SDGs」（持続可能な開発目標）について記事検索をしましょう（無料登録が必要です）。

⇒

（6）本 を 探 す

　皆さんは読みたい本をどうやって探しますか？　一昔前までは、まず図書館へ行って十進分類法で並んでいる書架の中から見つけるのが一般的でした。これも現代では、Web で検索できるようになりました。

　本を検索するのに便利なのが Webcat Plus（ウェブキャットプラス）です。これは国立情報学研究所が運営する、本、作品、人物の検索サービスです。この検索システムのおもしろいところは、「連想検索」で、思いつくままに興味のある言葉を入れるとそれに関連する本が表示される点です。さらにその本がどこの図書館に所蔵されているかも見ることができます。まずは今興味を持っている事柄を入力して検索してみましょう。

　目当ての本が見つかって、近くの図書館（大学生であれば大学の図書館）にあるようなら実際に行ってみましょう。開架書棚であれば、その本の近くに関連する本が並べてあるはずです。

　なお大学の図書館は基本的にその大学の関係者しか利用できませんが、学生であれば、所属する大学の図書館から紹介状を出してもらって他大学の図書館に入館することができます。また、大学によっては図書館を通じて貸し出しをしてくれる場合もあります（ただ

し、送料は自己負担が多いです)。

(7) 国立国会図書館の検索サイトを利用する

　国立国会図書館は日本最大の図書館で、国内で出版されたほぼすべての図書(電子出版を含む)や雑誌・新聞など約4600万点が所蔵されています(法律によって出版社には納本が義務づけられています)。そして、国立国会図書館の検索システム「NDL ONLINE」により、すべての本や論文を検索することができます。まずは、ホームページを見てみましょう。誰でも簡単に検索できるように工夫されています。

　また、江戸時代以前の古い文献はデジタル化されWeb上で自由に閲覧できるようになっています(国立国会図書館デジタルコレクション)。

　国立国会図書館は東京に本館が、大阪に分館があります。近くの人はぜひ一度訪れてみてください。書棚を自由に閲覧できる開架式とは異なり、来館者が書庫に立ち入ることはできません。パソコンで検索して資料を請求する閉架式になっています。最初は戸惑うかもしれませんが、分からないことは係の人が丁寧に教えてくれます。ぜひ一度体験してみるといいでしょう。

　なお、国立国会図書館の蔵書は、館外への貸し出しはしていません。ただし、大学の図書館を通じて館内で閲覧することができる場合があります。

★章のポイント3　学術論文を調べる。
(8) 論文検索の仕方

　さらに専門的に調べるには、国立情報学研究所が日本の学術論文・学術書を専門に集めているCiNii(サイニー)というサイトがあります。これで「地球温暖化」と検索すると約1万5000件の論文がヒットし、どの学術誌の何巻何号の何ページに掲載されているかが分かります。論文によっては、そのまま読むことができるものもあります。

　必要な論文を見つけたら、「著者名」「論題」「掲載誌名」「何巻何号の何ページ」「発行年」を必ず記録します。検索結果のページをパソコンのPrint Screen機能を使って保存したりするのもよいでしょう。さらにドラッグしてワードなどに貼りつけて整理しておけば、引用・参考文献として文章の中に記載するときにも使えます。また、Google Scholar(グーグルスカラー)という検索エンジンも論文や学術書の検索に便利です。

　必要な論文が決まったら、所属する大学のホームページや検索システムを使って、その論文が載っている雑誌があるかどうかを調べましょう。あればコピーし、なければ、CiNiiなどで調べ、他の大学図書館にあれば複写依頼をすることができます。多くの大学の図書館はお互いに連携していることが多いので学生にとっては便利です。

（9）引用・参考文献を利用する

　論文には最後に必ず「引用文献」や「参考文献」がついています（書籍も専門書ならついています）。そこを見ると、関連のある論文や図書を効率的に探すことができます。さらには、関連した論文の引用文献を調べて……というようにいわば「芋づる式」に文献を探してみましょう。

　論文に限らず本でも Web 上の情報もできるだけその「根拠」にまでさかのぼることが大切です。「A という論文（本・Web 情報）に＊＊と書いてあった」というだけではなく「何を根拠に＊＊と述べているのか」を知ることが大切です。

　例えば、先に検索した「地球温暖化によって、今世紀末にはどれくらい海面が上昇すると予想されているのか」については、さまざまな情報のすべてが「気候変動に関する政府間パネル」（Intergovernmental Panel on Climate Change, 略称：IPCC）が 2014 年に発表した「今世紀末までの海面水位の上昇は 0.26 〜 0.82m の範囲に入る可能性が高い」という予測に行きつくはずです（2021 年 10 月現在）。

参考：図書は借りるだけではなく、ずっと手もとに置いておきたいものもあります。その場合どうやって購入しますか？　大学の購買部では割引があったりしますし、Amazon や楽天ブックスで購入するのも便利です。古本も併せて表示しているので安く購入することもできます。「日本の古本屋」というサイトは日本全国の古書店が加盟していて、価格を比較しながら購入できます。また、絶版になった本を入手できることもあります。さらに、ネットオークションやメルカリなどのフリマアプリなどで安く購入することもできるようになりました。

　電子書籍として Kindle（キンドル）なども利用しましょう。その場ですぐ読むことができます。また、著作権の切れた古い出版物、例えば、夏目漱石の小説の主なものは Kindle や「青空文庫」で無料で利用できます。上手に利用しましょう。

　巻末の　🖉 練習問題 　を解きましょう。　☞ p.129 〜 p.134

コーヒーブレーク

　あれかこれか！　人生にはそのような勝負のとき、みたいなことがあるものです。即刻決めなければならないときもあるでしょうが、案外、時間がある場合が多いのです。そのとき、どうしよう……と迷うだけでなく、これからレポートを書く際には、A 案の場合、B 案の場合、とそれぞれ自分がその案を取る理由と反論を書き出してみたらどうでしょうか。就職の場合、A 社を選ぶ理由、B 社を選ぶ理由、それぞれの反論……。そのとき、意見文を書くテクニックも自分の考えをまとめるのに役に立つでしょう。

　でもたった一つ、このテクニックを使わないほうがいい場合があります。あなたのパートナーを選ぶ時。それは「反論」を考えたりしてはいけないのでしょうね。

第14章　引用の仕方

＊＊この章の目的＊＊　レポートや論文には「体裁」があります。正しい引用の仕方を学びましょう。

＊＊　キーワード　＊＊　レポート、論文、正しい形式、書き方、参考文献、引用

　レポートや論文を書くときには「正しい形式」が必要とされます。「正しい形式」とは「体裁(ていさい)」とも言いますが、内容と同じくらい重視されます。レポートの書き方は本書の第15章を参照してください。ここでは一定の形式の中で不可避である引用について注目してみましょう。

（1）専門分野の「体裁」とは？

　体裁は、学ぶ分野によって異なります。学術論文には基本的な体裁の指定があるので、体裁についてはその雑誌に掲載されている論文を参考にするとよいでしょう。他の人が書いたものを自分のものとしてそのまますべてまねすることは「剽窃(ひょうせつ)」です。難しい言い方ですが「文章泥棒」という意味です。

★章のポイント1　自分の専門分野の模範となる学術論文の「体裁」をチェックし、その形式をまねてみる。

（2）模範となる論文の構成を見てみよう

　では、模範となる論文を分析して、論文の形式とはどのようなものかを理解しましょう。体裁のチェックポイントは以下です。
　①タイトル　②要旨の有無　③全体の構成　④調査概要（方法、期間、対象の詳細）
　⑤注　⑥引用（参考）文献の書き方　⑦1ページのサイズや文字数、行数　⑧文体
　⑨記号　⑩フォントや下線

　期末に課されるレポートの体裁と卒業論文の体裁では、表紙の書き方や目次、要旨の有無など、その提出目的や提出先によって違うこともあるため、注意しましょう。

問題1　自分の専門分野の模範となる論文を入手し、その論文の体裁の特徴を書いてみましょう。

① 　タイトル　　⇒ _____

　　特徴　　　　⇒ _____

② 　要旨はありますか？（　はい　　いいえ　）

　→「はい」……文字数や言語の種類　　⇒ _____

③ 　構成……すべて合わせると _____ 節構成

　それぞれの節には何が述べられていますか。節のタイトルがキーワードです。簡単にまとめてみましょう。

　【例】第１節では研究の概要。第２節では研究の方法。第３節では調査の詳細。

⇒ _____
_____

④ 　調査概要（方法、期間、対象の詳細）は書いていますか？（　はい　　　いいえ　）

　→「はい」……調査対象や調査方法は _____ 節に書かれている。

調査対象　　⇒ _____

調査方法　　⇒ _____

⑤ 　注には何が書いてありますか。本文に書いていないのはなぜか考えてみましょう。

⇒ _____
_____

⑥-１ 　論文末には「参考文献」と書かれていますか？　「引用文献」と書かれていますか？

　文献はどこで述べられていますか？

　文献は、〔　参考文献　　　引用文献　　　その他（　　　　　　　　　　）〕と書かれている。

　文献は、〔　本文中　　　　注の中　　　その他（　　　　　　　　　　）〕にある。

⑥-２ 　文献を一つ下記に写してみましょう。

論文もしくは書籍　　⇒ _____

⑥-３ 　参考文献の並び方を調べてみましょう。

　文献は、〔　あいうえお順　　　アルファベット順　　　本文中使用された順

　出版年の古い順　　　その他（　　　　　　　　　　　　　　）〕

⑦ 　１ページのサイズ　　⇒ _____　　　　１ページの文字数　　⇒ _____字

　　１ページの行数　　　⇒ _____行

⑧ 　文体……（　～だ・である　　　～です・ます　）体

⑨ 　文中では、フォントを変えたり、下線を引いたりしている箇所はありますか。

フォントの変更……（　ある　　ない　）

→「ある」……特徴　⇒ _____

下線……（　ある　　ない　）

→「ある」……特徴　⇒ _____

（3）積極的な引用は好ましい

　引用は文献などに示された内容を自分のレポートに入れ込むことです。文献を明示せずに引用した場合には「剽窃」「盗用」と見なされます。一方で、文献を明らかにして引用すれば先行研究をきちんと把握していると見なされ、読み手からは評価されます。他者の研究論文というものは、その分野の積み重ねであり、先行研究の成果を引用することは重要であるという認識があるからです。先行研究の考え方、調査方法、調査結果を参考にする場合には文献を明らかにして引用しましょう。

（4）注をつける

　レポートや論文では、参考資料や文献があるときに必ず注をつけます。注には以下の2つがあります。

①　出典の提示　　先行文献・資料からの引用の出典（図表や統計なども含める）。

②　補足的説明　　本文内では論述の流れとして割愛するが、補足説明、情報やコメントなどをする場合。

（5）文（内容）を引用する

　引用の仕方は大きく分けて2つの方法が挙げられます。

　まずは、文・文章を引用する場合は、それが引用であることを明確にしましょう。また、長い引用の場合には、引用文の前後を1行分空けて、引用文の頭を2文字下げて書き始めることが望ましいです。さらに、文中への引用文の場合には、引用文を「　　」の中に挿入し、文の最後の（　　）の中に著者・出版年・書名・出版社・ページを入れるようにします。

【引用例1】永井は「脳の発達が幼児のことばに影響を与えている」と述べている（永井太郎 2021年「こどもの脳と発達」『幼児の発達と教育』教育技術出版 pp.50-53）。

　また、永井（2021：50）という表記がされている場合は、「永井」という著者が2021年に書いた論文の50ページに引用した文があるということを意味します。分野によって表記の仕方は変わりますので注意してください。この場合に引用のポイントは、引用符号である「　　」（かぎかっこ）や"　　"（ダブルクォーテーションマーク）の中の文は引用する論文と「1字1句同じ文章にすること」です（著作権の問題）。

★章のポイント2　文献は主体的に利用する、ただし引用文献は明示する。

★章のポイント3　引用符号を使う場合、符号の中の文章はそのまま使う。

（6）事典からの情報を引用する

　引用する際に、その引用元の事典の情報を利用したり、引用したりするときも鵜呑みにせずよく検討したほうがいいでしょう。辞書や事典は、多くの場合、署名入りで書かれているため、事典の内容を引用する際には、

　『世界人類事典』の中で、流経太郎は、「……」と述べている。

のように明示するとよいでしょう。

（7）インターネットからの情報を引用する

　レポートや論文を書く際にインターネットの情報を活用することも有効です。特に文献や情報を収集する場合、効率よく有用なツールとして便利でしょう（☞第13章参照）。さて、電子化された資料を引用する場合についてもルールがあります。典拠先を明示する場合にはやはり文献表にまとめてください。

（8）その他・CD-ROM といったデータベースや著作物

　これらの情報を用いる際には、『CD-ROM 名（巻号数）』と「出版元」の間に「CD-ROM」と明記してください。出版元が同内容で書籍版と CD-ROM 版を発行していることがあるため、どの媒体を使用したのかを区別するためです。

【例】『模範六法 2021 令和 3 年版 CD-ROM for Win ダウンロード版』CD-ROM、三省堂、
　　　2020 年 12 月

・その他の情報

　その他の情報を使った場合でも引用の仕方は同じです。インターネットから情報を取得したことを注で明記してください。作成者、記事・論文名、ホームページの名称、使用したコンピュータネットワーク名、URL、アクセス年月日は最低限の情報として明らかにして記載する必要があります。

（9）引用での諸注意

　引用で重視される著作権とは、出版物（翻訳も含める）、音楽や演劇、映画、写真、絵画、建築といった芸術作品、PC ソフトやデータといった創作物全般に認められるものです。創作物を自分のレポートや論文で利用したり、参照したりする場合には必ず注をつけて、その典拠、出典先を明らかにしましょう。その後で注にそって文献表を作成し、本文に添

付するようにしましょう。

参考：引用文献と参考文献の違いについて、この章ではあえて取り上げませんでした。ここまで述べた通り、レポートや論文での引用には、本文中に出典先を注で正確に示し、文献表を作成・添付する必要があります。このルールはどの分野でも変わりありません。引用出典には一定の規則はありますが、日本語で書かれる論文のうち、出典表記の方法は完全に確定しておらず、その体裁は分野によって異なります。ですからこの章では、人文社会系の分野での一般的な書き方を示してきました。その知識を踏まえて再度、自身の分野での論文を十分に読み込み、内容はもちろん体裁も学んでください。

(10) 図表を引用する

内容によっては、文章で示すと分かりにくいときがあります。客観的・具体的な数値が必要なときは、図表を利用すると分かりやすいでしょう。図表を入れるときには、通し番号をつけ、出典を明記しておきます。

【例】

表1　2020年度　犬と猫の総合名前ランキング

犬の名前ランキング			猫の名前ランキング		
順位	名前	昨年順位	順位	名前	昨年順位
1	むぎ	（5）	1	むぎ	（3）
2	ココ	（1）	2	きなこ	（2）
3	モカ	（3）	3	レオ	（1）
4	マロン	（2）	4	マロン	（7）
5	チョコ	（4）	5	ベル	（5）
6	こむぎ	（8）	6	ココ	（9）
7	レオ	（6）	7	まる	（4）
8	モコ	（7）	8	㊝ ラテ	（—）
9	㊺ きなこ	（—）	9	モカ	（6）
10	㊝ ラテ	（—）	10	㊝ こむぎ	（—）

出典：アイペット損害保険株式会社　https://www.ipet-ins.com/info/27530/（2021年9月20日アクセス）

62

（11）その他の注意点

　レポートや論文での内容が本題からずれないようにしてください。論理的に展開し、ひとりよがりの意見を並べることのないようにしましょう。そのためには、他人の著作物からの情報と自分自身の考えをはっきりと分けて書くことです。引用した部分では、必ず「　　」や“　　”を記載してください。不適切な引用は、盗用となります。形式面では、表紙に、科目名、教員名、題目（タイトル）、提出年月日、学部学科、学籍番号、氏名を入れることなども忘れないようにしましょう（☞第 15 章参照）。引用した文や図表が記載された論文や書籍や参考文献は必ず書きましょう。

巻末の 🖉練習問題 を解きましょう。　☞ p.135 〜 p.136

天気・季節に関する言葉

二十四節気：太陽太陰暦により季節を 24 に分けた言い方

春	立春	りっしゅん	2 月 4 日前後	春が始まるとされる日	秋	立秋	りっしゅう	8 月 8 日前後	秋が始まるとされる日
	雨水	うすい	2 月 18 日前後	雪氷が溶けるころ		処暑	しょしょ	8 月 23 日前後	暑さが収まる日
	啓蟄	けいちつ	3 月 6 日前後	冬ごもりをしていた虫たちが動き出すころ		白露	しらつゆ	9 月 7 日前後	露が白く見える日
	春分	しゅんぶん	3 月 21 日前後	昼と夜の長さが等しくなる日		秋分	しゅうぶん	9 月 23 日前後	昼と夜の長さが等しくなる日
	清明	せいめい	4 月 5 日前後	万物が清らかな日		寒露	かんろ	10 月 8 日前後	露が冷たく感じられるころ
	穀雨	こくう	4 月 21 日前後	穀物の成長を促す雨が降る日		霜降	そうこう	10 月 23 日前後	霜が降り始めるころ
夏	立夏	りっか	5 月 6 日前後	夏が始まるとされるころ	冬	立冬	りっとう	11 月 8 日前後	冬が始まるとされる日
	小満	しょうまん	5 月 21 日前後	草木が満ち始める日		小雪	しょうせつ	11 月 23 日前後	雪がまだ多くない日
	芒種	ぼうしゅ	6 月 5 日前後	稲の種をまく日		大雪	たいせつ	12 月 8 日前後	雪が多く積もる日
	夏至	げし	6 月 22 日前後	昼間の最も長くなる日		冬至	とうじ	12 月 22 日前後	昼間が最も短くなる日
	小暑	しょうしょ	7 月 7 日前後	暑中に入る日		小寒	しょうかん	1 月 6 日前後	寒の入りで寒くなる日
	大暑	たいしょ	7 月 23 日前後	1 年で最も暑いころ		大寒	だいかん	1 月 20 日前後	1 年で最も寒くなる日

参考文献：松村明編（2019）『大辞林（第四版）』三省堂

　　　　金田一京助ほか編（1997）『新明解国語辞典（第五版）』三省堂

　　　　加藤道理ほか編著（2012）『常用国語便覧』浜島書店

コーヒーブレーク

　このごろ、あまり原稿用紙を見なくなりました。ワード普及のためでしょう。ある文学館では賞を取った作品の原稿を収集していましたが、このごろはやめてしまったそうです。原稿が皆ワードなどを使ったデジタル原稿になったので、作家の手書きの推敲（すいこう）の痕などが見えなくなってしまったからです。展覧会などによく昔の作家の肉筆原稿が展示されていますから見てみてください。作家の肉筆の味、推敲の痕、何度も消された言葉……作品と真剣に対峙する作家のひたむきな努力の道が見えてくるでしょう。でも、手書きの原稿ってなくなってしまうのでしょうか。

第15章　レポートの書き方—構成、段落、言葉の選択—

＊＊この章の目的＊＊　レポートとは、報告書のことですが、感想文になってしまっている
レポートが数多く見られます。この章では、レポートの書き方の基
本を学びましょう。

＊＊ キーワード ＊＊　テーマ（問い）、構成、調査方法、分析（論証）、まとめ（主張）

　まず、レポートが課されたとき、一番大切なのに見落とされがちなことは出題者が求め
ていることは何かを正確にとらえることです。「問い」と「答え」の正対を意識しましょ
う。課題の多くは、①考えを述べる、②説明を述べる、③要約を述べる、④論を述べるこ
とを中心に書くことを求められています。「問い」と「答え」がずれないよう、書き始め
から見直しまで意識しましょう。

★章のポイント1　論じる内容が課題と正しく対応しているかどうかを意識する。

　次に、レポートで大事なのは、テーマです。「レポートの善し悪しはテーマ設定で決ま
る」と言っても過言ではありません。では、以下の問いを考えてみましょう。

問題1　レポートのテーマをしぼるとき、どちらを意識するのがいいでしょう。
　①自分の関心の強さ ／ ②自分の書きやすさ　　（　　　　　）

　さて、どうでしょうか。レポートを書くとき、ついつい「自分が一番心に留まったこ
と」でテーマを選びがちですが、「自分が書きやすそうなもの」を選ぶと、テーマをより
具体的に掘り下げやすくなります。では、具体的にするとはどういうことかを考えてみま
しょう。

問題2　「『言葉』に関するレポートを作成せよ」という課題が出ました。次のテーマの
　中で、レポートを作成しやすいのはどちらでしょう。
　①現代の若者言葉について ／ ②言葉との関わりについて　　（　　　　　）

　さて、どうでしょうか。どちらもいいテーマ設定ですが、**問題2**で問うているのは

「レポートを作成しやすい」のはどちらかということです。そうなると論点が具体的なのは「現代の若者言葉について」ということになります。

★章のポイント２　テーマの範囲はなるべくしぼることが大切。

続いては、内容について考えてみましょう。

問題３	以下の項目をレポート作成の流れの順番に並べてみましょう。

①執筆する　　②調査する　　③構成を考える　　④テーマを決める
⑤調査結果・資料を分析する　　⑥調査項目、方法を決める

（　④　）→（　　　　　）→（　　　　　）→（　　　　　）→（　　　　　）→（　　　　　）

さて、どうでしょうか。テーマをしぼったら、次はテーマについて自分の考えを分かりやすく、読む人に伝えられるかどうかが大切になってきます。課題にそって、適切な調査方法を選択することが大事です。

★章のポイント３　適切な調査方法を検討する。

調査方法には、大きく分けて２つ、文献による調査と、体験や意見を聞く調査といった方法があります。いずれにせよ、最初は課題に指定された文献があれば熟読する、指定されたものがなければ、課題の背景や基礎知識を得るための資料に目を通すことから始めましょう。

文献による調査は、新聞や書籍といった資料から先行研究、記事などを調べる方法です。現在はインターネットでも手軽に詳しい情報を得ることができますが、出典が明らかにできるものを選びましょう。

体験や意見を聞く調査は、関係者へのインタビュー、アンケート、問い合わせなどの方法です。レポートに合った方法を検討しましょう。可視化（数値化）しやすいので、変化の激しいものや現代を知る手がかりとしては有用ですが、主観的になりがちなので使い方には注意が必要です。

★章のポイント４　説得力のある分析をする。

実はこの分析がレポートの出来を左右します。どんなに適切な調査を行っても、分析が不十分では魅力的なレポートにはならないのです。また、ここまで進むことができたら、

★章のポイント1 をもう一度確認してみるとよいでしょう。テーマとまとめとが一致しないレポートは結構多いものです。調べたこと、思いついたことをすべてレポートにするのではなく、言いたいことをしぼって、相手に伝わるようまとめることを意識しましょう。

　もう一つ、事実と意見を分けて書くことも意識しましょう。巻末の ✎練習問題 を参考にしてください。

★章のポイント5 　話の流れを意識しながら文章をまとめる。

　★章のポイント1 から 3 までは、まだ文章にせず、自分が分かるように、また忘れないようにメモや箇条書きで残すようにしましょう。ある程度まとまってきたら、いよいよ文章化していきます。レポートや作文で一番大事なのは「相手に分かるように書く」ということです。相手に分かるように話の流れを意識し、順序（＝論理）立てて書いていきましょう。レポートで大切なことは、自分の意見を評価してもらうために、型にそって書くことを意識することです（☞第6章・第7章参照）。

問題4 　レポート作成で意識する型を順番に3つ並べてみましょう。

⇒ _____・_____・_____

　それでは、各論のポイントをまとめていきましょう。

　序論（問いを立てる）……このレポートで何を書くのか（★章のポイント1・2）

　本論（論拠を挙げる）……課題について論じる（★章のポイント3・4）

　結論（主張する）……論じてきた内容から自分の意見をまとめ、簡潔に述べる（★章のポイント5）

　これらの段落同士のつながりを明らかにするために欠かせないのが「接続の言葉」です。

問題5 　よく使われる以下の接続の言葉を、役割に合わせて分類してみましょう。

a．以上のように	b．はじめに	c．ところで	d．まず
e．しかしながら	f．このように考えると		g．そして　　h．次に
i．さて	j．そもそも　k．また		l．つまり

① 　書き始めの言葉　　　⇒ _____

② 　つなげる言葉　　　　⇒ _____

③ 　論を転換する言葉　　⇒ _____

④ 　まとめの言葉　　　　⇒ _____

★章のポイント6　終わりよければすべてよし＝見た目を美しく

　ここまでくれば、完成までもう少しです。レポート作成後、以下の点を確認しましょう。

・作成条件に合っている

・表紙をつける（タイトル／科目名／学年／学籍番号／氏名）

・字体、文体をそろえる

・「課題（出題者の問い）」と「意見（自分の主張）」が正しく対応している

・引用文献、参考文献を明らかにしている（☞第14章参照）

　近年は、データでの提出も多くなっています。提出の際は、データのタイトルにも配慮しましょう。指定されていれば、それに合わせて、指定されていなければ、授業名、学籍番号、氏名、タイトルを入れておくとよいでしょう。

　巻末の ✎**練習問題** を解きましょう。 ☞ p.137 ～ p.138

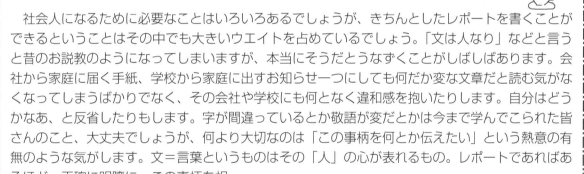

コーヒーブレーク

　社会人になるために必要なことはいろいろあるでしょうが、きちんとしたレポートを書くことができるということはその中でも大きいウエイトを占めているでしょう。「文は人なり」などと言うと昔のお説教のようになってしまいますが、本当にそうだとうなずくことがしばしばあります。会社から家庭に届く手紙、学校から家庭に出すお知らせ一つにしても何だか変な文章だと読む気がなくなってしまうばかりでなく、その会社や学校にも何となく違和感を抱いたりします。自分はどうかなあ、と反省したりもします。字が間違っているとか敬語が変だとかは今まで学んでこられた皆さんのこと、大丈夫でしょうが、何より大切なのは「この事柄を何とか伝えたい」という熱意の有無のような気がします。文＝言葉というものはその「人」の心が表れるもの。レポートであればあるほど、正確に明瞭に、この事柄を相手にお届けしなくてはならないのです。そのためには文の読み直し、読み返しは絶対に必要でしょう。昔の人は「手紙は出す前に一晩置け」と言いました。クールになった目で読み返すと間違いが分かる、というのです。カレーやおでんと一緒です。今は一晩置くなどということは時間的にできませんが、コーヒー一杯飲んでから（その間に読み直して）レポートを読み返す、くらいの配慮は必要かもしれませんね。

参 考 文 献

第1章

伊集院郁子・高野愛子（2020）『日本語を学ぶ人のためのアカデミック・ライティング講座』アスク出版

小林昭文（2017）『アクティブラーニング入門』産業能率大学出版部

佐々木瑞枝・細井和代・藤尾喜代子（2006）『大学で学ぶための日本語ライティング』ジャパンタイムズ

橋本修・阿部朋世・福嶋健伸（2009）『大学生のための日本語表現トレーニング　スキルアップ編』三省堂

山口隆正・宮田公治・田中洋子・福嶋美知子・秋山智美（2017）『文章表現の基礎技法』八千代出版

「エン転職」（2018）

　　https://employment.en-japan.com/tenshoku-daijiten/11035/　（2021 年 9 月 1 日アクセス）

「タウンワークマガジン」（2021）

　　https://townwork.net/magazine/magazine/jpb/sales/cvs/6889/　（2021 年 9 月 1 日アクセス）

「毎日 DODA」（2018）

　　https://mainichi.doda.jp/article/2018/10/01/412.html　（2021 年 9 月 1 日アクセス）

溝上慎一（2016）「大学教育におけるアクティブラーニングとは」

　　http://smizok.net/education/subpages/a00002(daigaku).html　（2021 年 9 月 5 日アクセス）

「リクナビ就活準備ガイド」（2017）

　　https://job.rikunabi.com/contents/interview/3649/　（2021 年 9 月 1 日アクセス）

第2章

朝日新聞社用語幹事編（2019）『朝日新聞の用語の手引（改訂新版)』朝日新聞出版

坂本利子・堀江未来・米澤由香子編（2017）『多文化間共修』学文社

遠山淳・中村生雄・佐藤弘夫編（2009）『日本文化論キーワード』有斐閣双書

文部科学省「世界の母語人口（上位 20 言語)」

　　https://www.mext.go.jp/b_menu/shingi/chukyo/chukyo3/004/siryo/attach/1379956.htm　（2021 年 9 月 1 日アクセス）

第3章

黒住真・福田惠子（2021）『日本の祭祀とその心を知る―日本文化事始―』ぺりかん社

出入国在留管理庁（法務省）「報道発表資料　令和 2 年末現在における在留外国人数について」

　　http://www.moj.go.jp/isa/publications/press/13_00014.html　（2021 年 9 月 1 日アクセス）

第4章

朝日新聞社用語幹事編（2019）『朝日新聞の用語の手引（改訂新版)』朝日新聞出版

友松悦子（2008）『中級日本語学習者対象　小論文への 12 のステップ』スリーエーネットワーク

文化庁「国語施策・日本語教育」

　　https://www.bunka.go.jp/kokugo_nihongo/sisaku/joho/joho/kijun/naikaku/index.html　（2021 年 9 月 1 日アクセス）

第5章

橋本修・阿部朋世・福嶋健伸（2009）『大学生のための日本語表現トレーニング　スキルアップ編』三省堂

第6章

アカデミック・ジャパニーズ研究会編（2009）『大学・大学院留学生の日本語②　作文編』アルク

アカデミック・ジャパニーズ研究会編（2001）『大学・大学院留学生の日本語④　論文作成編』アルク

阿部紘久（2009）『文章力の基本』日本実業出版社

飯間浩明・山田由佳（2019）『サクッと書けちゃう！　文章レシピ 60』新星出版社

石黒圭（2014）『「うまい！」と言わせる文章の裏ワザ』河出書房新社

石黒圭（2018）『論文・レポートの基本』日本実業出版社

小笠原信之（2011）『伝わる！　文章力が身につく本』高橋書店

小笠原喜康（2009）『大学生のためのレポート・論文術』講談社現代新書

外岡秀俊（2012）『「伝わる文章」が書ける　作文の技術』朝日新聞出版

友松悦子（2008）『中級日本語学習者対象　小論文への 12 のステップ』スリーエーネットワーク

日本語教育学会（2005）『新版　日本語教育事典』大修館書店

浜田麻里・平尾得子・由井紀久子（1997）『大学生と留学生のための論文ワークブック』くろしお出版

堀内伸浩（2007）『あたりまえだけどなかなか書けない　文章のルール』明日香出版社

松村明編（2019）『大辞林（第四版）』三省堂

森口稔・中山詢子（2015）『基礎からわかる　日本語表現法』くろしお出版

山口拓朗（2021）『伝わる文章が「速く」「思い通り」に書ける 87 の法則』明日香出版社

山﨑政志（2012）『文章力の「基本」が身につく本』学研

くるくら編集部「2019 年交通事故死者数は過去最少 3215 人。高齢者が 5 割以上。」（2020）
　　https://kurukura.jp/safety/200107-20.html （2021 年 7 月 25 日アクセス）

内閣府「令和 2 年交通安全白書（全文）第 3 節　高齢運転者の交通事故の状況」（2020）
　　https://www8.cao.go.jp/koutu/taisaku/r02kou_haku/zenbun/genkyo/feature/feature_01_3.html （2021年
　　7 月 25 日アクセス）

第 8 章

白石征・山口昌男監修（2009）『寺山修司著作集　第 1 巻　詩・短歌・俳句・童話』クインテッセンス出版

森岡健二・山口仲美（1985）『命名の言語学—ネーミングの諸相—』東海大学出版会

森雄一（2012）『学びのエクササイズ　レトリック』ひつじ書房

山田忠雄・倉持保男・上野善道・山田明雄・井島正博・笹原宏之編（2020）『新明解国語辞典（第八版）』三省
　　堂

第 9 章

松原仁（2021）「人間と人工知能と創造性」『国語 3』光村図書出版

第 10 章

青木テル（2007）『3 択 100 問　今日から使える敬語』日本能率協会マネジメントセンター

梶原しげる（2010）『敬語力の基本』日本実業出版社

小林作都子（2008）『不愉快な敬語』PHP 研究所

主婦と生活社編（2005）『最新　日本の敬語実例事典』主婦と生活社

日本雑学能力協会編（2002）『日本語おもしろ雑学練習帳』新講社

第 11 章

就職総合研究所（2007）『履歴書　エントリーシート　志望動機　自己 PR の書き方』サンマーク出版

橋本修・阿部朋世・福嶋健伸（2009）『大学生のための日本語表現トレーニング　スキルアップ編』三省堂

第 13 章

橋本修・阿部朋世・福嶋健伸（2009）『大学生のための日本語表現トレーニング　スキルアップ編』三省堂

第 14 章

河野哲也（2021）『レポート・論文の書き方入門（第四版）』慶應義塾大学出版会

佐藤望・湯川武・横山千晶・近藤明彦（2016）『アカデミック・スキルズ　大学生のための知的技法入門』慶

應義塾大学出版会

三省堂（2020）『模範六法 2021 令和 3 年版 CD-ROM for Win ダウンロード版』CD-ROM、三省堂

中村健一（1988）『論文執筆ルールブック』日本エディタースクール出版部

アイペット損害保険株式会社「2020 年度　総合名前ランキング」
　https://www.ipet-ins.com/info/27530/（2021 年 9 月 20 日アクセス）

流通経済大学（2007）「（3）- 3；レポートにおける表現方法：注意点　3．引用のしかた」『1 年ゼミハンド
　ブック』pp.65-66、RKU 学習・キャンパスコミュニティ
　https://www2.rku.ac.jp/kgc/rkuweek/1handbook.pdf（2021 年 9 月 30 日アクセス）

第 15 章

石井一成（2011）『ゼロからわかる　大学生のためのレポート・論文の書き方』ナツメ社

各社『国語便覧』

大学のレポート作成要項資料

戸田山和久（2012）『新版　論文の教室―レポートから卒論まで―』NHK ブックス

山極寿一（2020.4.28）「シリーズ・疫病と人間　コロナは巧妙に、現代社会の盲点を突く」毎日新聞朝刊

大学生はこれを見ろ「レポートの書き方―大学生が 1 時間で 90 点以上を取るための 3 つのポイント―」
　https://daikore.com/report/（2021 年 9 月 4 日アクセス）

執筆者一覧

山口　隆正（やまぐち　たかまさ）
拓殖大学外国語学部教授
執筆担当：第6・10章

鈴木　孝恵（すずき　たかえ）
慶應義塾大学日本語・日本文化教育センター非常勤講師
執筆担当：第1章

福田　惠子（ふくだ　けいこ）
拓殖大学国際学部教授
執筆担当：第2・3・4章

田中　洋子（たなか　ようこ）
学習院大学外国語教育研究センター非常勤講師
執筆担当：第5・7章

松浦　光（まつうら　ひかる）
横浜国立大学国際戦略推進機構非常勤講師
執筆担当：第8章

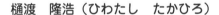

樋渡　隆浩（ひわたし　たかひろ）
公立中学校講師
執筆担当：第9章

秋山　智美（あきやま　さとみ）
流通経済大学社会学部准教授
執筆担当：第11・14章

渡辺　陽子（わたなべ　ようこ）
学習院大学国際センター専門嘱託
執筆担当：第12章

中村　陽一（なかむら　よういち）
秋草学園短期大学幼児教育学科教授
執筆担当：第13章

利根川　裕美（とねがわ　ひろみ）
秋草学園短期大学幼児教育学科非常勤講師
執筆担当：第15章

文章表現のワークブック

2022 年 4 月 11 日　第 1 版第 1 刷発行

編　著　者―山口隆正
発　行　者―森口恵美子
印刷・製本―三光デジプロ
発　行　所―八千代出版株式会社

〒101
-0061　東京都千代田区神田三崎町 2-2-13
TEL　03-3262-0420
FAX　03-3237-0723
振 替　00190-4-168060

＊定価はカバーに表示してあります。
＊落丁・乱丁本はお取替えいたします。

ISBN978-4-8429-1821-1

学習到達度チェックシート

✎以下、１．〜 15. の質問について「はい」であれば☑を入れましょう。

１．句読点や記号の使い方について理解した。	☐
２．原稿用紙の使い方について理解し、書ける。	☐
３．文章の種類それぞれに合う文体（文中・文末形式）を選べる。	☐
４．書き言葉に適した言葉・仮名遣い・送り仮名を正しく使える。	☐
５．聞き手（相手）が知らないことを順序よく分かりやすく説明できる。	☐
６．文章を作るうえでの段落の考え方およびアウトライン（輪郭・概要）が分かる。	☐
７．客観的な根拠や判断を示しながら意見を論述できる。	☐
８．「そうぞう（想像・創造）力」が向上した。	☐
９．要旨（重要な筋）の読み取りを中心に、言葉を整理してまとめることができる。	☐
10．基本的な敬語の知識（「尊敬語」「謙譲語」「丁寧語」）を理解し、敬語が使える。	☐
11．履歴書の作法や注意点を知っており、採用側の視点を踏まえた内容が作成できる。	☐
12．相手に合った丁寧で簡潔なメールが作成できる。	☐
13．レポートや論文に関する「体裁」や正しい引用の仕方を理解している。	☐
14．文章作成にあたっての資料の集め方を理解している。	☐
15．レポートの書き方の基本を押さえて「感想文」ではないレポートが作成できる。	☐

☑が０〜５以下……もう一度、本書をやり直してください。分からないことがあれば
教員に聞きましょう。

☑が６〜 10 ………文章表現技術についてまあまあ理解できています。理解が足りな
い事項に関連する章を復習しましょう。

☑が 11 以上………文章表現に関する基礎的事項が理解できています。これからさら
にその能力を伸ばしてください。

第1章　自己紹介—初めての授業で—

氏名：＿＿＿＿＿＿＿　　提出日　　年　　月　　日（　　）

✎ **練習問題1**　初めての授業での自己紹介文を書きましょう（200字）。

（原稿用紙）

✎ **練習問題2**　✎ **練習問題1** を、クラス内で発表してみましょう。発表が終わったら、クラスでのコメントをメモしてください。メモを参考に自己紹介文を書き直しましょう（必要に応じて自分のノートやルーズリーフを使用してください）。

（メモ）

＿＿＿＿＿＿＿＿＿＿＿＿＿＿＿＿＿＿＿＿＿＿＿＿＿＿＿＿＿＿＿

＿＿＿＿＿＿＿＿＿＿＿＿＿＿＿＿＿＿＿＿＿＿＿＿＿＿＿＿＿＿＿

＿＿＿＿＿＿＿＿＿＿＿＿＿＿＿＿＿＿＿＿＿＿＿＿＿＿＿＿＿＿＿

＿＿＿＿＿＿＿＿＿＿＿＿＿＿＿＿＿＿＿＿＿＿＿＿＿＿＿＿＿＿＿

✎**練習問題3** 自己紹介は、相手との人間関係を構築するきっかけになるものです。自分らしい「特徴」のある自己紹介文を書いてみましょう（1000字）。

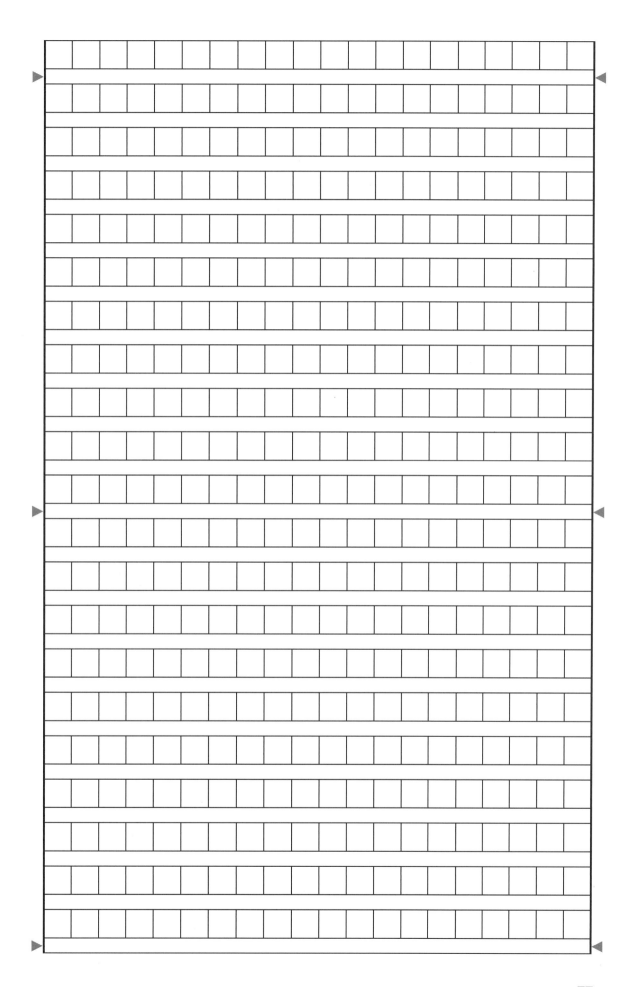

氏名：　　　　　　　提出日　　　年　　　月　　　日（　　　）

✎**練習問題1**　次の文に句読点や記号をつけ、原稿用紙に書いてみましょう（書き始めは1マス空けます）。

① 　感染症を拡大させないために三密を避けなければなりません三密とは密集密接密閉の3つの密のことです

② 　駅周辺に立ち並ぶ高層ビル群を目の前にして方向感覚が鈍ってしまいました

③ 　30度を超す暑さが連日続く東京ではクーラーが必需品になりました

✎**練習問題2**　句読点の位置によって文意は変わってしまいます。意味が正しく伝わるように読点をつけましょう。

① 　（話していたのが去年、という意味になるように読点をつけてください）

　彼は去年日本に来たときに浅草に行ったと話していました。

② 　（父と一緒に買いに行った、という意味になるように読点をつけてください）

　私は父と母のプレゼントを買いに行きました。

① 　日本語を書き表す場合主に漢字平仮名カタカナが使われていますまたローマ字も公共
の場で来日した外国人のために使われるほかパソコン入力で仮名や漢字を呼び出すため
の手段としても使われています仮名は音を表す表音文字ですが漢字は意味を表す表意文
字で１字が語と結びつく表語文字とも呼ばれています漢字にはその漢字の発音から聞き
取った音による音読みとその漢字の意味に相当する日本語をあてた訓読みがあります一
つの漢字にいろいろな読み方があるわけです

コメント欄：

② 　国際理解教育に異文化間リテラシーは欠かせません異文化間リテラシーに大切なのは
自分以外の人のことを考えられるかどうかです英語の "think outside the box" と
いうのは自分の箱を出るという意味で異文化理解の第一歩だと言われています

③ 　日本文化論キーワードによると日本語には否定語を使った否定表現が少ないそうです
日本人がさあどうでしょうかねやってみてもいいかもしれませんが……などと言えば文
の中に否定語はありませんが日本人にとっては否定表現と言えますこのような否定表現
はいわゆるあいまい表現とも言われるもので日本語学習者ははいなのかいいえなのか分
からず戸惑うようです

（句読点のほかに、『　』「　」も使います）

④　あなたには好きな言葉（格言・故事・ことわざなど）がありますか。なぜその言葉が好きなのでしょうか。例を参考に、好きな言葉について書きましょう。

【例】

		塞	翁	が	馬														
													福	田		ア	キ		
	「	塞	翁	が	馬	」	と	い	う	の	は	、	中	国	の	故	事	で	、
「	塞	翁	の	馬	が	逃	げ	た	が	、	い	い	馬	を	連	れ	て	戻	っ
来	た	。	そ	の	馬	に	乗	っ	た	息	子	は	落	馬	し	て	足	を	折
っ	た	が	、	戦	争	に	行	か	な	い	で	す	ん	だ	」	と	い	う	こ
と	か	ら	、	人	生	の	禍	や	幸	は	予	測	で	き	な	い	と	い	う
こ	と	の	た	と	え	で	す	。											
	何	か	不	運	に	あ	っ	て	も	、	こ	の	言	葉	を	思	い	出	す
と	、	少	し	気	が	楽	に	な	り	ま	す	。	今	の	失	敗	は	将	来
の	幸	に	つ	な	が	っ	て	い	る	と	思	え	る	か	ら	で	す	。	

第3章　文章作成の基礎知識—文体の選択—

氏名：　　　　　　　　　提出日　　　年　　　月　　　日（　　）

✎ **練習問題1**　次の文を論文の文体にしましょう（※は「である」の形にしましょう）。

① 陳君は中国からの留学生です。※

⇒ _____

② アルバイトをしながら大学に通っています。

⇒ _____

③ アルバイト先で使う日本語は、講義の日本語とはかなり違います。

⇒ _____

④ 昨晩食べたラーメンは、おいしかったです。

⇒ _____

⑤ 『万葉集』は日本の和歌集の中で一番古いです。

⇒ _____

⑥ 漢字をもとに「仮名文字」ができました。

⇒ _____

⑦ 室町幕府が弱体化すると、戦国大名の争いが盛んになりました。

⇒ _____

⑧ 女性の地位はいつごろから低くなったのでしょうか。※

⇒ _____

⑨ 江戸時代、女性は富士山の頂上まで登れませんでした。

⇒ _____

⑩　これは文化的な性差別なのです。※

⇒ ＿＿＿＿＿＿＿＿＿＿＿＿＿＿＿＿＿＿＿＿＿＿＿＿＿＿＿＿＿＿＿＿＿＿＿＿

✎練習問題2　次の文の文中・文末を論文の文体にしましょう（以下、漢字の読み方は書か
　なくてもいいです）。

①　夏目漱石は、1867 年に江戸に生まれて、1916 年に亡くなりました。

⇒ ＿＿＿＿＿＿＿＿＿＿＿＿＿＿＿＿＿＿＿＿＿＿＿＿＿＿＿＿＿＿＿＿＿＿＿＿

②　1900 年にイギリスに留学して、帰国後、東大講師を経て、朝日新聞社に入りまし
　た。

⇒ ＿＿＿＿＿＿＿＿＿＿＿＿＿＿＿＿＿＿＿＿＿＿＿＿＿＿＿＿＿＿＿＿＿＿＿＿

③　漱石の家には猫がいて、『吾輩は猫である』のモデルになりました。

⇒ ＿＿＿＿＿＿＿＿＿＿＿＿＿＿＿＿＿＿＿＿＿＿＿＿＿＿＿＿＿＿＿＿＿＿＿＿

④　江戸時代は西洋人があまりいなくて、西洋の文化に触れる機会も少なかったです。

⇒ ＿＿＿＿＿＿＿＿＿＿＿＿＿＿＿＿＿＿＿＿＿＿＿＿＿＿＿＿＿＿＿＿＿＿＿＿

⑤　明治になると、四民平等になって、武士の特権も奪われました。

⇒ ＿＿＿＿＿＿＿＿＿＿＿＿＿＿＿＿＿＿＿＿＿＿＿＿＿＿＿＿＿＿＿＿＿＿＿＿

⑥　祭りが近くなると、街には紙垂がたなびいて、祭りが近いことを人々に感じさせます。
　祭りには神霊が神輿や山車などにうつされて、その神の守る地域を巡行します。祭りに
　よって神は力を得て、人々の願いを叶えて、幸福をもたらすのでしょう。

⇒ ＿＿＿＿＿＿＿＿＿＿＿＿＿＿＿＿＿＿＿＿＿＿＿＿＿＿＿＿＿＿＿＿＿＿＿＿

＿＿＿＿＿＿＿＿＿＿＿＿＿＿＿＿＿＿＿＿＿＿＿＿＿＿＿＿＿＿＿＿＿＿＿＿＿＿

＿＿＿＿＿＿＿＿＿＿＿＿＿＿＿＿＿＿＿＿＿＿＿＿＿＿＿＿＿＿＿＿＿＿＿＿＿＿

⑦　縄文時代中期以降の土偶は、妊産婦を写し出したものが多くて、そこに生命を生み出す力を見ているようです。その写し出された土偶が祭祀に用いられるとき、妊産婦はまさに生産や再生の象徴でした。

⇒ _____

_____

_____

⑧　昭和の歌謡曲に「分かっちゃいるけどやめられない」という歌詞がありました。「分かっちゃいる」のも自分、「やめられない」のも自分ですが、自分の中で一体何が起こっているのでしょうか。分かっているなら、飲酒をほどほどにすればよいのに、「そうさせない自分（ほどほどにする）」が「そうする自分（度を越してしまう）」に勝てないのです。これを意志が弱いというなら、前者は意志が弱いということになりますが、では後者は何でしょうか。自分の中にいくつもの自分がいて、心の中で葛藤しているようです。

⇒ _____

_____

_____

_____

_____

_____

```
コメント欄：


```

✎練習問題3 次の文の、文中も文末も論文の文体にし、原稿用紙に書いてみましょう（段落もつけてください）。

① 時間とともに、環境によって、ものごとは変化しながらその姿を形成していきます。食文化について言えば、グローバル化が進む現代にあっても、日本の寿司と海外の寿司の様相はかなり異なっています。それは、従来の日本の寿司が海外の文化環境（現地の食材や現地人に好まれる形や色など）の影響を受け、変わっていった結果でしょう。また、江戸時代には寿司の屋台があったようですが、現代は、寿司の屋台はほとんど見られません。

コメント欄：

② 　中国の天子（皇帝）と日本の天子（天皇）は同じでしょうか。天命を受けた王朝が地上を治めるという「天命思想」が紀元前に北アジア地域において生まれて、広がります。さらに、政治が乱れると、その原因をその王朝の不徳として、天は不徳の王朝を見捨てて、新たに天の元子を認知して、その子孫が代々天子として、天に見捨てられるまで天下を統治するという「易姓革命」が語られるようになります。一方、日本においては、統治する者に道徳を求めるより、まず天と地をめぐる「天神地祇」の祭祀が広がります。「天神地祇」の「社」が広がっていって、供え物を捧げながら祈ったのです。この「社」では、少なくとも神社の場合、民衆が直接天に向かうのではなくて、天皇が祀る流れになっています。天子についての相違点を挙げるなら、中国の場合、天子は天の意志を担った天子で、求められる徳を失えば交代させられる人間です。それに対して、日本の場合、天照大御神は太陽神で、天子の祖神なのですから、天子は太陽神の子孫ということになって、天子は人間というより神ということになるのでしょう。1946年に天皇が「人間宣言」を行っていることからも、それ以前の人々は、天皇は神であるという認識を持っていたことが分かります。

コメント欄：

第4章 文章作成の基礎知識―言葉の選択・送り仮名―

氏名：　　　　　　　提出日　　年　　月　　日（　　）

✎練習問題1　レポート・論文として、a．とb．のどちらの言葉のほうが適切か選びましょう（①～⑤）。また、レポート・論文として適切な文に書き換えましょう（⑥～⑩）。

① 異文化交流は（a．非常に　　b．とても）大切である。

② 異常気象による災害が（a．すでに　　b．もう）発生している。

③ ペットボトルやレジ袋は便利である。（a．だけど　　b．しかし）プラスチックごみの発生源でもある。

④ プラスチックごみは時間とともに（a．もっと　　b．さらに）細かくなっていき、環境を汚染していく。

⑤ 感染者が（a．どんどん　　b．急速に）増えている（a．と　　b．って）報道されている。

⑥ このままの対策じゃだめだ。　　⇒＿＿＿＿＿＿＿＿＿＿＿＿＿＿＿＿＿＿

⑦ 明日までに課題を完成させなきゃならない。

⇒＿＿＿＿＿＿＿＿＿＿＿＿＿＿＿＿＿＿＿＿＿＿＿＿＿＿＿＿＿＿＿＿＿＿＿

⑧ この辺りはいっぱい文化財があるらしいよ。

⇒＿＿＿＿＿＿＿＿＿＿＿＿＿＿＿＿＿＿＿＿＿＿＿＿＿＿＿＿＿＿＿＿＿＿＿

⑨ 科学技術の発達によって社会は変化してるね。

⇒＿＿＿＿＿＿＿＿＿＿＿＿＿＿＿＿＿＿＿＿＿＿＿＿＿＿＿＿＿＿＿＿＿＿＿

⑩ 社会の変化に人間の心はついてってるのかな。

⇒＿＿＿＿＿＿＿＿＿＿＿＿＿＿＿＿＿＿＿＿＿＿＿＿＿＿＿＿＿＿＿＿＿＿＿

コメント欄：

✎ 練習問題2　　a．とb．はどちらの読み方が正しいでしょうか（①～⑦）。送り仮名として正しいのはどちらでしょうか（⑧～⑬）。正しい漢字はどちらでしょうか（⑭～⑳）。

① 洗濯したら、布が縮（a．ちぢ　　b．ちじ）んでしまった。

② 都会は、どこへ行っても人が多（a．おお　　b．おう）い。

③ 人々の絆（a．きづな　　b．きずな）を大切にしたい。

④ 地震（a．じしん　　b．ぢしん）が頻発している。

⑤ 父（a．とう　　b．とお）さん、母さんが呼んでるよ。

⑥ 姉（a．ねい　　b．ねえ）さん、ちょっと待ってよ。

⑦ 時計（a．とけい　　b．とけえ）が壊れた。

⑧ 毎朝6時に（a．起きる　　b．起る）。

⑨ 岸に（a．向って　　b．向かって）泳ぐ。

⑩ （a．潔く　　b．潔よく）あきらめる。

⑪ あの店は、ご飯の量が（a．少い　　b．少ない）が、味がいい。

⑫ 毎晩遅く帰宅する彼がこんなに早く帰って来るなんて（a．珍い　　b．珍しい）。

⑬ 彼は金遣いが（a．荒い　　b．荒らい）。

⑭ 平均寿命が年々（a．伸びて　　b．延びて）いる。

⑮ 留学生（a．対称　　b．対象）の旅行が企画された。

⑯ 何度も（a．謝った　　b．誤った）が、許してもらえなかった。

⑰ 強い（a．意志　　b．意思）を持って仕事をする。

⑱ 大学の4年間の（a．過程　　b．課程）を修了する。

⑲ 経営の（a．体制　　b．態勢）を立て直す。

⑳ 彼は上昇（a．思考　　b．志向）が強い。

✎ 練習問題3　　次の文の中にある重言に注意して文章全体を正しく書き直しましょう。

① 姉は毎日曜日ごとに教会へ行きます。

⇒ _____

② 就職活動中に内定が決まった。

⇒ _____

③ 公演が第5日目となり、かなり人が集まってきた。

⇒ _____

✎練習問題4 次の会話の内容を説明する文章に書き換えましょう（必要のない言葉は省略しましょう）。

【例】 A：中高年の人って、私はアナログ人間ですからってよく言うけど、アナログ人間ってどういう意味かな？

B：まあ、時代遅れみたいな意味なんじゃない？

A：たしかにデジタル時代とか言うとコンピュータが思い浮かぶよね。でも、何でもかんでもデジタルっていうのも不便だな。だって、アナログ時計なら○時まであと何分あるって一目で分かるもん。

中高年は自分自身のことをアナログ人間であると思っている。おそらく、時代遅れの人間だと思っているのであろう。たしかに、デジタル時代と言えば、コンピュータが思い浮かぶ。ただ、一目で残された時間が分かるアナログ時計が便利なように、それぞれのよさがある。

---

① A：自分のことはさておいて、相手のことばかり責める奴っているよな？

B：例えば、どんな奴？

A：あいつ、暗いよなあ。一緒にいるとこっちも気分が滅入ってくるよ、なんて言う奴。

B：うん、いる、いる。

A：たしかにあいつは暗いかもしれない。でも、そればっかり言って責める前に、あいつがなぜ暗いのか考えたっていいと思わない？　あいつが明るくなるように何かしてあげたっていいんじゃない？

B：まあな、でもさ、なんで、ほかの奴がそんなことしなきゃならないの？

A：なんでかって？　それが、やさしさだろっ？

⇒ _____

_____

_____

_____

_____

_____

② A：小さいころからさ、姉妹でけんかしたときにはさ、自分は悪いことしてないのに、いつも怒られるのは姉じゃなくて私なんだ。

B：もしかして、お姉さん、すぐに泣いたりして親にしがみつくタイプ？

A：そうだね。すぐに泣くし、自分のために平気で嘘もつくし、逃げるよ。

B：は、は、は。正論言っても、親は情で動いてしまうんだな。つまり、親は、気丈な妹ではなく、泣き虫の気弱なお姉さんの見方をしてしまうんだよ。

A：情が正論を曇らせるってわけか……。

B：漱石の『草枕』に「情に棹させば流される」ってあるけど、親もお姉さんもいつか後悔するよ。

A：「流れに棹さす」って、どんな意味？

B：「流れに棹さす」は、本来、流れに棹を突き刺して船を進め下るように、好都合なことが重なり、物事が思うままに進むたとえから生まれたフレーズだけど、情ばかりに傾倒している人は、結局は「流される」「取り返しのつかない結果になる」ってこと。

A：そうか。ちょっとうれしい結果かも……。

⇒ _____

_____

_____

_____

_____

_____

_____

_____

_____

コメント欄：

第5章 説 明 文

✎練習問題1　あなたの好きなゲームの説明をしてください。できたら皆でやってみましょう。

⇒

コメント欄：

✎**練習問題2** 下に最寄りの駅から自宅までの地図を書き、その下に説明文をつけてください。説明文は地図を見ないで、電話で説明して分かるように書きましょう。

⇒

_____

_____

_____

_____

_____

_____

_____

コメント欄：

✎**練習問題 3** あなたの楽しんでいる（好きな）スポーツのルールを宇宙人に説明してあげてください。宇宙人ですから何も知りません。道具などの説明は絵を描いても構いません。

⇒

コメント欄：

✎**練習問題4** あなたの得意な料理の作り方（レシピ）を書きましょう。材料から丁寧に
書いてください。

⇒ _____

_____

_____

_____

_____

_____

_____

_____

_____

_____

_____

_____

_____

_____

_____

_____

コメント欄：

第6章　段落とアウトライン

氏名：　　　　　　　　　提出日　　年　　月　　日（　　）

✒**練習問題1**　「私の好きな季節」を［三段構成］を使って以下に300字以内で書きましょう。

✎**練習問題3** 「電車内のマナーについて」800 ～ 1200 字程度で以下に書きましょう。

⇒

コメント欄：

第7章 意見文

氏名：＿＿＿＿＿＿＿　提出日　　年　　月　　日（　　）

✎**練習問題1**　次の論題で客観的な意見文を書きましょう。

「家を選ぶなら賃貸がいいか、一戸建てがいいか」

⇒＿＿＿＿＿＿＿＿＿＿＿＿＿＿＿＿＿＿＿＿＿＿＿＿＿＿＿＿＿

＿＿＿＿＿＿＿＿＿＿＿＿＿＿＿＿＿＿＿＿＿＿＿＿＿＿＿＿＿＿＿

＿＿＿＿＿＿＿＿＿＿＿＿＿＿＿＿＿＿＿＿＿＿＿＿＿＿＿＿＿＿＿

＿＿＿＿＿＿＿＿＿＿＿＿＿＿＿＿＿＿＿＿＿＿＿＿＿＿＿＿＿＿＿

＿＿＿＿＿＿＿＿＿＿＿＿＿＿＿＿＿＿＿＿＿＿＿＿＿＿＿＿＿＿＿

＿＿＿＿＿＿＿＿＿＿＿＿＿＿＿＿＿＿＿＿＿＿＿＿＿＿＿＿＿＿＿

＿＿＿＿＿＿＿＿＿＿＿＿＿＿＿＿＿＿＿＿＿＿＿＿＿＿＿＿＿＿＿

＿＿＿＿＿＿＿＿＿＿＿＿＿＿＿＿＿＿＿＿＿＿＿＿＿＿＿＿＿＿＿

＿＿＿＿＿＿＿＿＿＿＿＿＿＿＿＿＿＿＿＿＿＿＿＿＿＿＿＿＿＿＿

＿＿＿＿＿＿＿＿＿＿＿＿＿＿＿＿＿＿＿＿＿＿＿＿＿＿＿＿＿＿＿

＿＿＿＿＿＿＿＿＿＿＿＿＿＿＿＿＿＿＿＿＿＿＿＿＿＿＿＿＿＿＿

＿＿＿＿＿＿＿＿＿＿＿＿＿＿＿＿＿＿＿＿＿＿＿＿＿＿＿＿＿＿＿

コメント欄：

✎ **練習問題 2** 次の論題で書きましょう。
「就職するなら大企業を選ぶか、中小企業を選ぶか」

⇒ _____

_____

_____

_____

_____

_____

_____

_____

_____

_____

_____

_____

_____

_____

_____

_____

_____

コメント欄:

✎ **練習問題 2** 次の論題で書きましょう。

✎練習問題3 次の論題について書きましょう。
「私のおすすめの本・映画・ドラマなど」

⇒ _____

_____

_____

_____

_____

_____

_____

_____

_____

_____

_____

_____

_____

_____

_____

コメント欄：

✎**練習問題4** 次の論題について書きましょう。

「外国語（日本語）学習について考えること」

⇒ _____

_____

_____

_____

_____

_____

_____

_____

_____

_____

_____

_____

_____

_____

_____

_____

_____

_____

コメント欄：

第8章 「そうぞう」力の養成

氏名： 　　　　　　　　　提出日　　年　　月　　日（　　）

✎**練習問題1**　自分の好きな言葉の語釈を考えてみよう（200字）。

好きな言葉　　⇒ _____

コメント欄：

✎練習問題2 自分で考えたお菓子の紹介文を書き、実際にクラス内で発表してみましょう。そして、クラス内でどのお菓子が買いたくなったか投票し合いましょう。

自分で考えたお菓子の名前 ⇒ _____

アピールポイント ⇒ _____

_____

_____

_____

_____

_____

自分が選んだお菓子 ⇒ _____

選んだ理由 ⇒ _____

_____

_____

_____

_____

_____

_____

_____

コメント欄：

　本文で学んだポイントを意識して、実際にエッセイを書いてみましょう（800字）。

・下書き

エッセイの題材（最近の出来事・学校に来るまでに見たもの・珍しい体験、など）

⇒ _____

_____

_____

_____

_____

_____

具体的な描写（いつ、どこで、だれが、何を、なぜ、どのように、など）

⇒ _____

_____

_____

_____

_____

_____

_____

_____

エッセイのオチ（どうなったか、どう思ったか、これからはどうなるか、など）

⇒ _____

_____

_____

_____

_____

_____

・清書

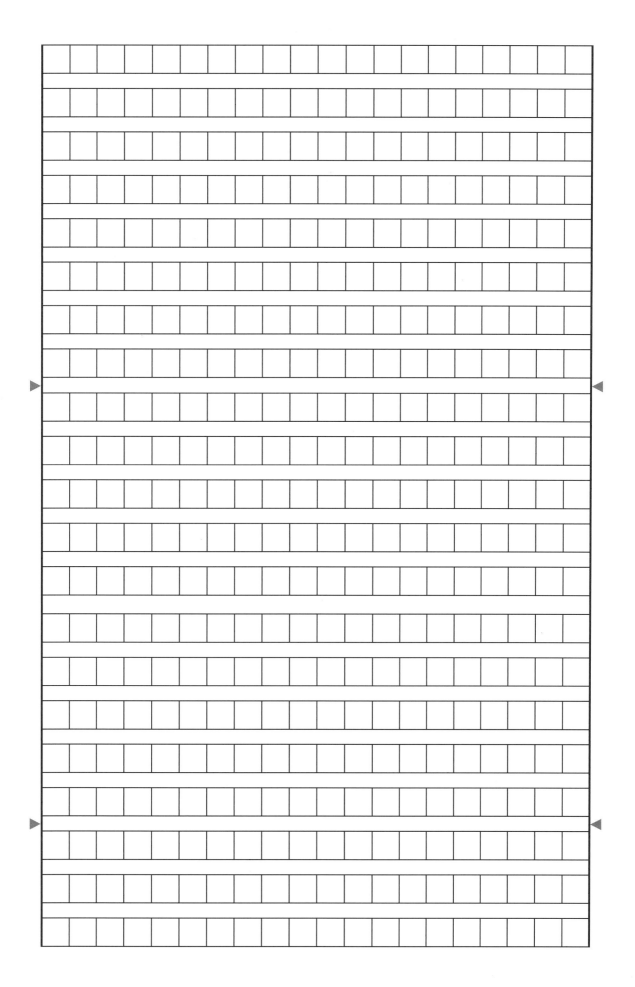

コメント欄：

氏名：　　　　　　　提出日　　　年　　　月　　　日（　　　）

次の文章を読んで、問いに答えましょう。

松原仁「人間と人工知能と創造性」

①人工知能の研究者は、コンピュータやロボットなどの人工物に知能をもたせることを目ざして研究している。人間の知っている範囲で最も高度な知能をもっているのは人間自身なので、人工知能は人間のような知能を目ざすことになる。人間は「いろいろなこと」ができる。例えば、言葉を話したり理解したりできる（人工知能では「自然言語処理」という領域になる）。目で見たものが何かを理解できる（「画像認識」という）。耳で聞いたことを理解できる（「音声認識」という）。人間の知能というのは、これらいろいろな能力を合わせたものなのである。人工知能研究は、こうしたさまざまな能力を、コンピュータにもたせようとしている。

②私は、人間とは何か、人間の知能とは何かを知りたいと考え、特に人工知能と創造性の関係について研究を重ねてきた。創造性とは、新しいことを思いつく能力だ。創造性は、画家や作家など特定の人たちだけがもっている能力ではなく、誰もがもっている。みんなが絵を描いたり文章を書いたりできるのは、創造性の賜物なのである。

③星新一さんという作家を知っているだろうか。ショートショートとよばれる、短くて落ちがある小説をたくさん書いた人だ。私は近年、他の研究者といっしょに、この星新一さんのような小説をコンピュータに書かせる試みをしている。文学賞に入賞するような作品を作らせるのが夢なのだが、まだようやく一次審査を通過したという段階である。先は長い。

④コンピュータに小説を書かせる研究を進めてきて、わかってきたことがある。

⑤創造性は新しいことを思いつく能力だと書いたが、今までにないことを思いつくだけであれば、むしろコンピュータのほうが人間よりも得意である。我々の研究によれば、コンピュータは一時間に十万作の小説を書くことが可能だ。どれも似たり寄ったりの内容だ（しかも、まだあまりおもしろくない）が、表面上は異なる作品である。人間の作家は、いくら速くてもこんなペースで作品を作ることはできない。

⑥また人間の思いつきは、自由に発想しようとしてもどうしても偏りが出る。もっている知識やそれまでの経験に影響を受けてしまうのだ。その点、コンピュータは偏りのないものをたくさん生み出すことが得意である。例えば数字をばらばらに書いていくという作業をさせると、人間は偏りが生じて同じパターンに陥ってしまうが、コンピュータは各数字が等しい出現頻度になるように書き続けることができる。

⑦いっぽうで、コンピュータにとって難しいのは、たくさんの作品の中から優れたものを選ぶことである。人間の創造性について考えてみよう。多くの場合、新しく思いつくことのほとんどは使いものにならない。新しいつもりでも誰かが既にやっていたことであったり、全く意味のないことであったりする。人間はそれらの中から見込みがありそうなものだけを、おそらくは無意識のうちに選んでいるのである。たくさんの候補の中から見込みのありそうなものだけを選び出す作業のこ

とを「評価」とよぶことにする。人間のすばらしい創造性は、この評価の部分に基づいている。何をよいとするか、おもしろいとはどういうことか。コンピュータにはこの評価が難しいのである。

⑧ここに、人間と人工知能の関係の中で人間が果たすべき役割を考えるヒントがあると思う。人間とコンピュータは得意なことが異なる。A．したがって、それぞれが得意なことを分担し、共同して物事に当たるのがよい。例えば、創造的な活動においても、コンピュータがアイデアをたくさん出し、人間がそれらを評価して具体的な完成品にしていくのが、（限られた時間内に一定水準以上のものを作るという意味では）生産性が高くなるはずである。また、人間と人工知能が協力して創作することで、新しい価値を生み出すこともできるかもしれない。

⑨人工知能はこれからも進歩していく。しかし、コンピュータが苦手とし、人間のほうが得意とすることは依然として残り続ける。コンピュータはよりたくさんの候補を作れるようになっていくだろう。B．だから人間も、これまで以上に評価の能力を伸ばさないといけない。評価を適切にこなすためには、さまざまな経験を積んでバランスの取れた知識をもち、何がよくて何が悪いかの判断力を養うことが大切だ。C．それが、これからの時代に必要な力である。

✎練習問題1-1　　A．したがって の前後の文、ならびに B．だから の前後の文をそれぞれ一つにまとめましょう。また、 C．それが は何を指すのか答えましょう。

A．したがって の前後をまとめる　⇒ _____

B．だから の前後をまとめる　⇒ _____

C．それが の内容　⇒ _____

✎練習問題1-2　　①〜⑨の各段落の中心文をつなげて400字以内に要約しましょう。

（空欄の原稿用紙）

練習問題 1-3 自分の要約文を見直し、200〜300字程度にまとめましょう。

（空欄の原稿用紙）

氏名：　　　　　　　提出日　　年　　月　　日（　　　）

✎**練習問題 1**　次の各問題は過去に出題された日本語能力試験の問題です。〔　　〕の中に、下線部分を正しく敬語に書き直しましょう。

① 意見がある<u>人</u>は<u>言ってください</u>。　（2004　N2）

〔　　　　　　〕〔　　　　　　　　　　　　　〕

② 先生は山下さんの<u>住所</u>を<u>知っていますか</u>。　（2008　N2）

〔　　　　　　〕〔　　　　　　　　　　　〕

③ 先生はもう<u>帰りました</u>。　（2009　N2）　〔　　　　　　　　　　　　〕

④ では、お元気で。ご両親にもどうぞよろしく<u>伝えてください</u>。　（2009　N2）

〔　　　　　　　　　　　　〕

⑤ 私は先生の<u>家</u>でおいしい<u>酒</u>を<u>もらいました</u>。　（2002　N2）

〔　　　　〕〔　　　　　〕〔　　　　　　　　〕

⑥ 社長は今、電話に<u>出ています</u>ので、しばらく<u>待ってください</u>。　（2008　N2）

〔　　　　　〕〔　　　　　　　　〕〔　　　　　　〕

⑦ 大山：小川さん、この本を山田先生に<u>渡してくれませんか</u>。

〔　　　　　　　　〕

小川：<u>分かりました</u>。あとで<u>渡します</u>。　（2004　N2）

〔　　　　　　　　〕

⑧ この仕事については、私から<u>説明します</u>。　（2007　N2）

〔　　　　　　　　〕

練習問題2　次の各文では敬語が間違っています。正しく言い換えましょう。

①　どうぞここに座ってください。

⇒ _____

②　記入が終わりましたら、受け付けにお渡ししてください。

⇒ _____

③　どうぞ皆さま、ご自由に食べてください。

⇒ _____

④　(デパート店員からお客様へ) この商品、お持ち帰りしますか?

⇒ _____

⑤　この薬はインターネットでも買えます。

⇒ _____

⑥　ペットの犬が亡くなりました。

⇒ _____

⑦　(デパートの店員からお客様へ) 飲み物は何にしますか?

⇒ _____

コメント欄：

① 明日、お伺いさせていただいてもいいでしょうか。

⇒ _____

② 資料は拝見させていただきました。

⇒ _____

コメント欄：

氏名：　　　　　　　　　　提出日　　年　　月　　日（　　　　）

✎ **練習問題 1**　履歴書の「履歴」欄を記入しましょう。

履　歴　書　　　　　　　　　　　　　　　　年　　月　　日 現在

ふりがな				
氏　名				

写真を貼る位置

1. 縦 36 〜 40mm
　横 24 〜 30mm
2. 本人単身胸から上
3. 裏面にのりづけ
4. 裏面に氏名を記入

	年　　　月　　　日生（満　　歳）	性別	男・女
電話番号		E-mail	

ふりがな	電話
現住所 〒	
	FAX

ふりがな	電話
連絡先 〒　　　　　　（現住所以外に連絡を希望する場合のみ記入）	
	FAX
方	

年	月	学歴・職歴

コメント欄：

✎**練習問題 2** 履歴書を入れる封筒の宛名を書きましょう。

【例】〒 123-4567　東京都港区○○ 123-45　拓殖物流株式会社人事課　に履歴書を送る

おもて　　　　　　　　　　　　　　　　　　　　うら

コメント欄：

✎**練習問題3－1** 自分の応募したいアルバイト先を想定しましょう。

【例】応募先：駅構内の服飾店　　　　　希望する職種：販売員

　　応募先　⇒ ＿＿＿＿＿＿＿＿＿＿＿　希望する職種　⇒ ＿＿＿＿＿＿＿＿＿＿＿

✎**練習問題3－2** 希望するアルバイト先に応募する要領で、履歴書の「自己紹介」部分を作成しましょう。

「自己紹介」部分

志望動機	
自己アピール （私の特徴・長所・短所 など）	
卒論・研究課題 ゼミナール・得意科目	
課外活動 （クラブ・サークル・ボ ランティア・インターン シップ・地域活動など）	
趣味・特技	
資　格	

コメント欄：

✎**練習問題4-1**　自分の希望する就職先を想定しましょう。

【例】応募先：トミタ自動車　　　　　　　希望する職種：整備士

　　応募先　　⇒＿＿＿＿＿＿＿＿＿＿　　希望する職種　　⇒＿＿＿＿＿＿＿＿＿＿

✎**練習問題4-2**　希望する企業に就職活動する要領で、履歴書の「自己紹介」部分を作成しましょう。

「自己紹介」部分

志望動機	
自己アピール （私の特徴・長所・短所など）	
卒論・研究課題 ゼミナール・得意科目	
課外活動 （クラブ・サークル・ボランティア・インターンシップ・地域活動など）	
趣味・特技	
資　格	

コメント欄：

第12章　実用文書ーメールー

氏名：　　　　　　　　　提出日　　　年　　　月　　　日（　　）

✎練習問題 1　書きたいメールの用件を選んで、適切なメールを書きましょう。

用件①	（大学の先生宛） スピーチコンテストのために、対面でスピーチのチェックをしてほしい
用件②	（大学の先生宛） 前回の授業で先生に教えてもらったことについて、もっと知りたいので、よい 論文や本を教えてほしい
用件③	（大学の留学課の職員宛） 留学先の相談をするために、留学課で面談させてほしい

件名

コメント欄：

次のメールの文章を適切な文章に書き換えましょう。

件名　推薦状

お元気ですか？？
現在、就職活動中です。履歴書や志望理由書は準備できたのですが、応募のために担当教員からの推薦状が必要だと書かれていました。先生に教育実習も見てもらったし、推薦状を書いてもらえたらとてもうれしいです。いかがでしょうか？？書いてくれるかどうかお返事をください。よろしくお願いします！

件名

コメント欄：

コメント欄：

✎練習問題3 メールの用件を自分で考えて、メールを書きましょう。書き終わったら、クラス内でお互いのメールについて評価をしましょう。実際にパソコンでメールを書いてみてもいいでしょう。

用件の種類はどれですか	誰宛の、何を伝えるメールですか
依頼 ／ 質問 ／ 相談 その他（　　　　　　　　　　）	誰宛（　　　　　　　　　　　　　　） 伝えたいこと （　　　　　　　　　　　　　　　　　）

件名

コメント欄：

クラス内評価シート

ペアになった人のメールを読んで、評価し、「ここがよかった」や「こうしたらどうか」
ということをコメントしましょう。

( ) さんのメールへの評価			
評価者：( )			
あてはまるものに○を書きましょう			
		全体的に できていた	部分的に できていた	できていなかった
1	正しい日本語で書く ことができる			
2	丁寧な表現を使うこ とができる			
3	正しい形式で書くこ とができる			
4	用件をはっきり伝え ることができる			
5	読み手に不快な気持 ちを与えないように 書くことができる			
コメントを書きましょう			
ここがよかった			
こうしたらどうか			

コメント欄：

第13章　資料の集め方

氏名：　　　　　　　　　提出日　　　年　　　月　　　日　（　　　）

✎練習問題1　以下の言葉の意味を調べましょう。どの媒体で調べたのかを書き、URLや書籍名も明示しましょう。（資料は貼りつけても構いません。 **✎練習問題2〜4** も同じ）

① 一次資料、二次資料

⇒ _____

_____

_____

_____

_____

② 開架式書庫、閉架式書庫

⇒ _____

_____

_____

_____

_____

③ IPCC

⇒ _____

_____

_____

_____

_____

④ SDGs

⇒ _____

_____

_____

_____

_____

✎**練習問題2** 環境省のデータから「IPCC 第五次報告書」について調べてみましょう。

⇒ _____

_____

_____

_____

_____

_____

_____

_____

_____

_____

_____

_____

_____

_____

コメント欄：

✎ **練習問題3** Wikipedia で SDGs について調べ、その内容が正しいか国連や外務省の Web 資料などで確認しましょう。

⇒ _____

_____

_____

_____

_____

_____

_____

_____

_____

_____

_____

_____

_____

_____

_____

_____

_____

_____

_____

_____

✎練習問題4　図書館で新聞検索をして 2014 〜 2021 年の朝日・読売・毎日・日経各紙
の記事から SDGs に関する記事がいくつあったか、①見出し検索、②本文検索のそれ
ぞれについて調べましょう。

（＊急激に増加していることが分かるはずです。）

（＊図書館が加入しているデータベースの範囲で、できれば 2 紙以上を参照してください。）

⇒

コメント欄：

第 14 章　引用の仕方

氏名：　　　　　　　　　　提出日　　　年　　　月　　　日（　　）

✎**練習問題 1 - 1**　山田太郎先生が 2021 年に物流科学出版会から出版した『物流と顧客』という著書から以下の一文を引用する場合にはどのように書けばよいでしょうか。

日本の物流は、丁寧さや迅速さで顧客からは評価されているものの、売り上げの規模で言うと世界の大手物流事業者に比べて小さい。

⇒

コメント欄：

✎**練習問題 1 - 2**　✎**練習問題 1 - 1**で引用したことを明示する文献表にはどのように記載しますか。

⇒

コメント欄：

✎**練習問題 2**　自分の専門分野の模範となる論文の体裁の特徴を書いてみましょう。

① タイトル　⇒ _____

　　特徴　　⇒ _____

② 要旨はありますか？（　はい　　いいえ　）

　→「はい」……文字数や言語の種類　⇒ _____

③ 構成……すべて合わせると ＿＿＿＿＿＿＿＿ 節構成

④ 調査概要（方法、期間、対象の詳細）は書いていますか？（　はい　　いいえ　）

　→「はい」……調査対象や調査方法は ＿＿＿＿＿＿＿＿＿＿＿＿ 節に書かれている。

調査対象　⇒ _____

調査方法　⇒ _____

⑤ 文末には「参考文献」「引用文献」どちらが書かれていますか。文献はどこで述べられていますか。

文献は、〔　参考文献　　引用文献　　その他（　　　　　　　　　　）〕と書かれている。

文献は、〔　本文中　　注の中　　その他（　　　　　　　　　　）〕にある。

⑥ 文献を 1 つ下記に写してみましょう。

雑誌　⇒ _____

書籍　⇒ _____

⑦ 文献の並び方を調べてみましょう。

文献は、〔　あいうえお順　　アルファベット順　　本文中使用された順

　　　　　出版年の古い順　　出版年の新しい順　　その他（　　　　　　　　　　）〕

⑧ 1 ページのサイズ　⇒ ＿＿＿＿＿＿　　1 ページの文字数　⇒ ＿＿＿＿＿＿ 字

　　1 ページの行数　⇒ ＿＿＿＿＿＿ 行

⑨ 文体……〔　〜だ・である　　〜です・ます　〕体

```
コメント欄：


```

第15章 レポートの書き方—構成、段落、言葉の選択—

氏名：　　　　　　　　　　提出日　　　年　　　月　　　日（　　　）

✎練習問題1　次のレポートのテーマから、内容をしぼってみましょう。

【テーマ】子どもについて　　⇒

地球環境について　　⇒

SDGs について　　⇒

コメント欄：

✎練習問題2　次のテーマの中で、レポートを作成しやすいのはa．とb．どちらでしょう。

①　a．高齢者問題と子どもの貧困について　／　b．日本の福祉の現状について

（　　　　　）

②　a．なぜ児童虐待はなくならないのか　　／　b．ワンオペ育児と児童虐待

（　　　　　）

コメント欄：

✎**練習問題3** 実際にレポートの構成を考えてみましょう。

タイトル：

1

2

3

4

5

6

コメント欄：

解答と解説

第1章

問題1 解答省略

〈解説〉ポイントとしては、①具体性、②話の流れ、③前向きな表現になります。まずは学習者自身で考えてみましょう。この問題では、グループワークで「アクティブラーニング」になるように想定しています。

問題2 ①【解答例】（ e ）→（ c ）→（ b ）→（ d ）→（ a ）→（ f ）

「林ハルキと申します。名前の漢字は太陽の「陽」、希望の「希」で「はるき」と読みます。××県の○市出身です。○市は県の南部に位置し、自動車工業で有名です。車に興味を持ちやすい環境で育ったためか、車の種類や名前がすぐに分かります。将来は、運輸関係の仕事をしたいので、この専門を選びましたが、まだ分からないことがたくさんあります。この授業で皆さんと一緒に学んでいきたいと思っていますので、どうぞよろしくお願いします。」

問題2 ②【解答例】（ a ）→（ d ）→（ f ）→（ c ）→（ e ）→（ b ）

「国際コミュニケーション学科1年の田中太郎です。私は高校の夏休みに交換留学プログラムでカナダに2週間ホームステイをして、短い間でしたが、異文化に触れ、もっと世界を知りたいという気持ちが強くなりました。それで、この学部を選びました。趣味は料理です。今、平日は勉強とサークルで忙しいので、週末にいろいろなレシピを見て作り置きをしています。大学4年間では多くの人たちとの出会いも大事にするつもりですので、どうぞよろしくお願いします。」

問題3 解答省略

〈解説〉時間が短くなると自己紹介は難しくなります。内容ではなく表現にも改めて注意しましょう。

✎練習問題1・2 解答省略

〈解説〉次のような双方向性のある対話活動を学習者同士で行った後で自己紹介文を書くと、ほかの人の視点から気づくことが多く効果的な改善につながります。「主体的で対話的な深い学び（アクティブラーニング）」になるような活動の体験を重ねて、学校の中だけでなく地域やグローバルな社会で多様な他者を尊重しつつ協働できる力もつけましょう。

① 丁寧な文体で自己紹介文を書いてみましょう。可能なら自分で時間を計測して話す練習もしましょう。

※オンラインのシステムを使うと自律的に学べる場合があります。例えば、Webex やZoom などのオンライン会議ツールで自分が話しているところを録画して客観的に自分自身へフィードバックするようなことができます。

② 上記①をクラスで発表し合い、お互いによい点や改善点などのコメントを出し合いましょう。

※ペアに分かれて互いの紹介をし合った後で、クラス全員に相手のことを紹介する他者紹介でもいいです。

③　上記②のコメントを参考にして自己紹介文を書き直しましょう。教師からのフィードバックも受けて「自己紹介」を清書しましょう。

〈参考〉学校の授業といったフォーマルな場面で話す時は「です・ます体」の丁寧な表現で話します。表情や声の大きさ、抑揚に注意しましょう。

☞発音の練習ができる有効なサイト「OJAD」参照

　　http://www.gavo.t.u-tokyo.ac.jp/ojad/

✎ **練習問題3**　解答省略

〈解説〉長めの自己紹介文を書いて、場面に応じた内容を選んでいつでも伝えられるように準備しておきましょう。

〈参考〉就職活動での「自己紹介」と「自己PR」の違いについて述べておきます（☞第11章参照）。就職活動の面接では「自己紹介」は挨拶のように緊張をほぐして話しやすい雰囲気を作ることだととらえてください。また、「自己PR」は今までの経験を踏まえて自分の長所や能力などをアピールする必要があります。とは言っても、意気込んで一方的な自慢話をするのではなく、面接官の質問をよく聞きながら、やり取りをする中で伝えていくことが大切です。

初対面では緊張することも多いです。もし何も言えなくなってしまったら、相手とコミュニケーションしたいという姿勢を示して挨拶や感謝の気持ちだけでも伝えましょう。

例えば、以下を参考にしてください（面接で）。

・（名前）です。×学部△学科1年です。……すみません。緊張で頭が真っ白になってしまいました。こんな私ですが、どうぞよろしくお願いします。

・○大学×学部の（名前）と申します。本日はお時間をいただき、ありがとうございます。どうぞよろしくお願いいたします。

第2章

問題1・2　【解答例】を合わせて示します。

①　世界には7000余りの言語があると言われています。母語人口ランキングの1位は中国語、2位は英語です。このデータは2005年にペンギン社が発表したデータを、文部科学省がホームページに掲載したものです。一方、世界で最も使用される言語ランキングの1位は英語、2位は中国語です。ちなみに、日本語は母語人口ランキングでは9位ですが、世界で最も使用される言語ランキングでは13位です。

②　言語には文化の影響が表れます。例えば、人間関係における親疎や上下を重視する日本文化に生きる人々は、敬語が正しく使えなければなりません。日本の文化環境にいれば、先生には尊敬語を使い、友達には尊敬語を使わないなどの言葉の使い方が、自然と身についていきます。「何時ごろいらっしゃいますか」という発話からは、話し手より聞き手のほうが目上であることが分かります。

問題3

① ３月になると、_桜の花があちらこちらで咲き始めます。_

② 夏目漱石はイギリス留学後に東京大学講師を経て、_朝日新聞社に入社しました。_

問題4

① 初めて彼に会った日は、_雪の降る寒い日でした。_

② 黒雲が漂い、_冷たい風が吹き荒れ、_激しい雨が降ってきました。_

問題5　①　食べたのが、昨日　　②　いただいたのが、昨日

✎ **練習問題1**

①

	感	染	症	を	拡	大	さ	せ	な	い	た	め	に	、	「	三	密	」	を
避	け	な	け	れ	ば	な	り	ま	せ	ん	。	三	密	と	は	、	密	集	・
密	接	・	密	閉	の	３	つ	の	密	の	こ	と	で	す	。				

②

	駅	周	辺	に	立	ち	並	ぶ	高	層	ビ	ル	群	を	目	の	前	に	し
て	、	方	向	感	覚	が	鈍	っ	て	し	ま	い	ま	し	た	。			

③

	30	度	を	超	す	暑	さ	が	連	日	続	く	東	京	で	は	、	ク	ー
ラ	ー	が	必	需	品	に	な	り	ま	し	た	。							

✎ **練習問題2**

①　彼は去年、_日本に来たときに浅草に行ったと話していました。

②　私は父と、_母のプレゼントを買いに行きました。

①

	日	本	語	を	書	き	表	す	場	合	、	主	に	、	漢	字	・	平	仮
名	・	カ	タ	カ	ナ	が	使	わ	れ	て	い	ま	す	。	ま	た	、	ロ	ー
マ	字	も	公	共	の	場	で	、	来	日	し	た	外	国	人	の	た	め	に
使	わ	れ	る	ほ	か	、	パ	ソ	コ	ン	入	力	で	仮	名	や	漢	字	を
呼	び	出	す	た	め	の	手	段	と	し	て	も	使	わ	れ	て	い	ま	す。
	仮	名	は	音	を	表	す	表	音	文	字	で	す	が	、	漢	字	は	意
味	を	表	す	表	意	文	字	で	、	1	字	が	語	と	結	び	つ	く	表
語	文	字	と	も	呼	ば	れ	て	い	ま	す	。							
	漢	字	に	は	そ	の	漢	字	の	発	音	か	ら	聞	き	取	っ	た	音
に	よ	る	音	読	み	と	、	そ	の	漢	字	の	意	味	に	相	当	す	る
日	本	語	を	あ	て	た	訓	読	み	が	あ	り	ま	す	。	一	つ	の	漢
字	に	い	ろ	い	ろ	な	読	み	方	が	あ	る	わ	け	で	す	。		

②

	国	際	理	解	教	育	に	異	文	化	間	リ	テ	ラ	シ	ー	は	欠	か
せ	ま	せ	ん	。	異	文	化	間	リ	テ	ラ	シ	ー	に	大	切	な	の	は、
自	分	以	外	の	人	の	こ	と	を	考	え	ら	れ	る	か	ど	う	か	で
す	。	英	語	の	"	th	in	k	ou	ts	id	e	th	e	bo	x	"	と	い
う	の	は	、	自	分	の	箱	を	出	る	と	い	う	意	味	で	、	異	文
化	理	解	の	第	一	歩	だ	と	言	わ	れ	て	い	ま	す	。			

③

　『日本文化論キーワード』によると、日本語には否定語を使った否定表現が少ないそうです。日本人が「さあ、どうでしょうかね」「やってみてもいいかもしれませんが……」などと言えば、文の中に否定語はありませんが、日本人にとっては否定表現と言えます。このような否定表現は、いわゆる「あいまい表現」とも言われるもので、日本語学習者は「はい」なのか「いいえ」なのか分からず、戸惑うようです。

④　解答省略

第3章

問題1 ①（ b ）　　②（ a ）　　③（ c ）

問題2

	丁寧体（です・ます体）	普通体（だ・である体）
動詞文	書きます	書く
	書きません	書かない
	書きました	書いた
	書きませんでした	書かなかった
形容詞文 （い形容詞）	多いです	多い
	多くありません（多くないです）	多くない
	多かったです	多かった
	多くありませんでした（多くなかったです）	多くなかった
形容動詞文 （な形容詞）	※静かです	静かだ／静かである
	静かではありません	静かではない
	※静かでした	静かだった／静かであった
	静かではありませんでした	静かではなかった
名詞文	※課題です	課題だ／課題である
	課題ではありません	課題ではない
	※課題でした	課題だった／課題であった
	課題ではありませんでした	課題ではなかった
その他	話しましょう	話そう
	※増えるでしょう	増えるだろう／増えるであろう
	※重要なのです	重要なのだ／重要なのである
	※いいのでしょうか	いいのだろうか／いいのであろうか
	考えてください	考えてほしい

問題3

① ⇒ 今日は月曜日だ／である。

② ⇒ 新たな1週間が始まる。

③ ⇒ 昨日は課題の本を読み終えることができなかった。

④ ⇒ 今日中に読み終えたい。

⑤ ⇒ 読んだ後に、コメントを書かなければならない。

⑥ ⇒ 文化とは一定の人数で構成される集団内で共有される価値観や行動様式のことだ／で

ある。

⑦　⇒　文化は民族衣装や地域料理など見える部分と、価値観や考え方など見えない部分からなっている。

⑧　⇒　文化の見えない部分への気づきを高めることが、異文化理解の第一歩だ／である。

⑨　⇒　まだ見えない部分があると想定しながら探求し続けてほしい。それが、異文化学習の基本姿勢と言える。

⑩　⇒　教育環境に文化的多様性が存在するということは、どのような教育的意義があるのだろうか／であろうか。

問題4

①　日本には290万人の外国人がおり、永住者が増えている。国籍別に見ると、1位は中国だ／であるが、近年減ってきている。平成末まで2位だった韓国は、令和2年に3位に下がり、2位にベトナムが入った。その背景には何があるのだろうか／であろうか。おそらく技能実習生の受け入れが盛んに行われた結果だと思われる。

②　労働力が不足している日本では、東南アジアを中心に多くの技能実習生を受け入れている。技能実習制度は、国際貢献という理念のもと、開発途上国の人材が、日本の企業で、母国では習得困難な技能を習得し、母国の発展に寄与するために1993年に始まった制度だ／である。しかし、この制度は、低賃金や長時間労働など技能実習生をめぐる問題も多く、対策を急がなければならない。

✎ 練習問題1

①　⇒　陳君は中国からの留学生である。

②　⇒　アルバイトをしながら大学に通っている。

③　⇒　アルバイト先で使う日本語は、講義の日本語とはかなり違う。

④　⇒　昨晩食べたラーメンは、おいしかった。

⑤　⇒　『万葉集』は日本の和歌集の中で一番古い。

⑥　⇒　漢字をもとに「仮名文字」ができた。

⑦　⇒　室町幕府が弱体化すると、戦国大名の争いが盛んになった。

⑧　⇒　女性の地位はいつごろから低くなったのであろうか。

⑨　⇒　江戸時代、女性は富士山の頂上まで登れなかった。

⑩　⇒　これは文化的な性差別なのである。

✎ 練習問題2

①　⇒　夏目漱石は、1867年に江戸に生まれ、1916年に亡くなった。

②　⇒　1900年にイギリスに留学し、帰国後、東大講師を経て、朝日新聞社に入った。

③　⇒　漱石の家には猫がおり、『吾輩は猫である』のモデルになった。

④　⇒　江戸時代は西洋人があまりおらず、西洋の文化に触れる機会も少なかった。

⑤　⇒　明治になると、四民平等になり、武士の特権も奪われた。

⑥　⇒　祭りが近くなると、街には紙垂がたなびき、祭りが近いことを人々に感じさせる。祭りには神霊が神輿や山車などにうつされ、その神の守る地域を巡行する。祭りによって神は

力を得、人々の願いを叶え、幸福をもたらすのであろう。

⑦ ⇒ 縄文時代中期以降の土偶は、妊産婦を写し出したものが多く、そこに生命を生み出す力を見ているようである。その写し出された土偶が祭祀に用いられるとき、妊産婦はまさに生産や再生の象徴であった。

⑧ ⇒ 昭和の歌謡曲に「分かっちゃいるけどやめられない」という歌詞があった。「分かっちゃいる」のも自分、「やめられない」のも自分であるが、自分の中で一体何が起こっているのであろうか。分かっているなら、飲酒をほどほどにすればよいのに、「そうさせない自分（ほどほどにする）」が「そうする自分（度を越してしまう）」に勝てないのである。これを意志が弱いというなら、前者は意志が弱いということになるが、では後者は何であろうか。自分の中にいくつもの自分がいて、心の中で葛藤しているようである。

✎ 練習問題3

①

時	間	と	と	も	に	、	環	境	に	よ	っ	て	、	も	の	ご	と	は
変	化	し	な	が	ら	そ	の	姿	を	形	成	し	て	い	く	。	食	文	化
に	つ	い	て	言	え	ば	、	グ	ロ	ー	バ	ル	化	が	進	む	現	代	に
あ	っ	て	も	、	日	本	の	寿	司	と	海	外	の	寿	司	の	様	相	は
か	な	り	異	な	っ	て	い	る	。	そ	れ	は	、	従	来	の	日	本	の
寿	司	が	海	外	の	文	化	環	境	（	現	地	の	食	材	や	現	地	人
に	好	ま	れ	る	形	や	色	な	ど	）	の	影	響	を	受	け	、	変	わ
っ	て	い	っ	た	結	果	で	あ	ろ	う	。	ま	た	、	江	戸	時	代	に
は	寿	司	の	屋	台	が	あ	っ	た	よ	う	で	あ	る	が	、	現	代	は、
寿	司	の	屋	台	は	ほ	と	ん	ど	見	ら	れ	な	い	。				

②

中	国	の	天	子	（	皇	帝	）	と	日	本	の	天	子	（	天	皇	）
は	同	じ	で	あ	ろ	う	か	。	天	命	を	受	け	た	王	朝	が	地	上
を	治	め	る	と	い	う	「	天	命	思	想	」	が	紀	元	前	に	北	ア

ジア地域において生まれ、広がる。さらに、政治が乱れると、その原因をその王朝の不徳とし、天は不徳の王朝を見捨て、新たに天の元子を認知し、その子孫が代々天子として、天に見捨てられるまで天下を統治するという「易姓革命」が語られるようになる。

　一方、日本においては、統治する者に道徳を求めるより、まず天と地をめぐる「天神地祇」の祭祀が広がる。「天神地祇」の「社」が広がっていき、供え物を捧げながら祈ったのである。この「社」では、少なくとも神社の場合、民衆が直接天に向かうのではなく、天皇が祀る流れになっている。

　天子についての相違点を挙げるなら、中国の場合、天子は天の意志を担った天子であり、求められる徳を失えば交代させられる人間である。それに対し、日本の場合、天照大御神は太陽神であり、天子の祖神なのであるから、天子は太陽神の子孫ということになり、天子は人間というより神ということになるのであ

ろ	う	。	1	9	46	年	に	天	皇	が	「	人	間	宣	言	」	を	行	っ	て
い	る	こ	と	か	ら	も	、	そ	れ	以	前	の	人	々	は	、	天	皇	は	
神	で	あ	る	と	い	う	認	識	を	持	っ	て	い	た	こ	と	が	分	か	
る	。																			

第4章

問題1 ②

問題2 ①b ②a ③a ④b／a

問題3 ①b ②c ③a

✎練習問題1 ①a ②a ③b ④b ⑤b／a

⑥ ⇒ このままの対策ではよくない。

⑦ ⇒ 明日までに課題を完成させなければならない。

⑧ ⇒ この辺りは多くの文化財があるそうである。

⑨ ⇒ 科学技術の発達によって社会は変化している。

⑩ ⇒ 社会の変化に人間の心はついていっているのか。

✎練習問題2

①a ②a ③b ④a ⑤a ⑥b ⑦a ⑧a ⑨b ⑩a ⑪b

⑫b ⑬a ⑭b ⑮b ⑯a ⑰a ⑱b ⑲a ⑳b

✎練習問題3

① ⇒ 姉は日曜日ごとに教会へ行きます。

② ⇒ 就職活動中に内定した。

③ ⇒ 公演が5日目となり、かなり人が集まってきた。

✎練習問題4

① ⇒ 自分のことはさておいて、相手のことばかり責める人がいる。例えば、暗い相手に対し、一緒にいると気分が減入ってくると責める。しかし、ただ責めるだけではなく、その人の暗さの背景を知ろうとしたり、明るくなるよう働きかけてあげるやさしさがあってもいいのではないか。

② ⇒ 親が気丈な妹ではなく気弱な姉の味方をしてしまうというのは、親が正論が見えず情に流されてしまうということである。夏目漱石の『草枕』に「情に棹させば流される」とあるが、これは情ばかりに傾倒している人は、結局は「流される」という意味で、親も姉も後悔することになるだろう。

第5章

問題1 本文参照

問題2 解答省略

問題3 【解答例】

① ⇒ 自宅を出て左に進みます。交差点に出ますからそこを左に曲がってまっすぐ行くと駅のロータリーに出ます。

② ⇒ 自宅を出て左に進み交差点を左に曲がります。駅のロータリーに出ます。駅の中を抜けてロータリーに面してスーパーマーケットがあります。

③ ⇒ 駅を「市民会館」方面に出ます。ロータリーを渡ってまっすぐな通りに入ってください。角に新聞社と市民会館があります。市民会館の方へ通りを渡ってください。市民会館の角を右に曲がります。まっすぐ行くと角に消防署があります。消防署のところを左に曲がってください。まっすぐ行くと左手にお寺があります。

④ ⇒ お寺の門が2か所あります。保健所へ行く門を出てください。左の方に行くと三叉路があります。左に曲がっていくと右にコンビニやホテルがあります。ホテルの角を右に曲がってください。まっすぐ行くと川があり、橋がかかっています。その橋を渡ってください。左手に高等学校があります。

⑤ ⇒ 高等学校を出て川にかかっている橋を渡ります。まっすぐホテルの角まで行ってください。交差点を右に行くと駅のロータリーに出ます。ロータリーを左ななめ前に渡り、少し左に行くと郵便局があります。

問題4 【解答例】

⇒ 駅を出て右に曲がってまっすぐ行きます。交差点を渡って次の道を左に曲がります。まっすぐ行くと銀行の前に出ますから銀行の前にある陸橋を渡ってください。……

〈解説〉「～て」の形が3回以上続かないようにします。2回でも多いことがあります。

問題5 解答省略

✐練習問題1〜4 解答省略

第6章・第7章・第8章 解答省略

第9章

問題1 ⇒ 人工知能、コンピュータ、認識

問題2 ⇒ ⑧「人工知能研究は、こうしたさまざまな能力を、コンピュータにもたせようとしている。」、または、ほぼ同じ内容の、

⇒ ①「人工知能の研究者は、コンピュータやロボットなどの人工物に知能をもたせることを目ざして研究している。」

問題3

繰り返しの文 ⇒ ①と⑧

具体例の文 ⇒ ④、⑤、⑥

〈解説〉③と⑦で述べている、人間ができる「いろいろなこと」の具体例を挙げているのが④～⑥です。

問題4

類義語　　　　　⇒　AI、コンピュータ、アルゴリズム、等
ほぼ同じ意味の表現　⇒　人工物に知能をもたせる

✎ 練習問題1-1

A. したがって の前後をまとめる　⇒　人間とコンピュータは得意なことが異なるので、それぞれが得意なことを分担し、共同して物事に当たるのがよい。

B. だから の前後をまとめる　⇒　コンピュータはよりたくさんの候補を作れるようになっていくだろうから、人間も、これまで以上に評価の能力を伸ばさないといけない。

C. それが の内容　⇒　さまざまな経験を積んでバランスの取れた知識をもち、何がよくて何が悪いかの判断力を養うこと

✎ 練習問題1-2

	人	工	知	能	の	研	究	者	は	、	人	工	物	に	知	能	を	も	た
せ	る	こ	と	を	目	ざ	し	て	研	究	し	て	い	る	。	私	は	、	特
に	人	工	知	能	と	創	造	性	の	関	係	に	つ	い	て	研	究	を	重
ね	て	き	た	。	今	ま	で	に	な	い	こ	と	を	思	い	つ	く	だ	け
で	あ	れ	ば	、	む	し	ろ	コ	ン	ピ	ュ	ー	タ	の	ほ	う	が	人	間
よ	り	も	得	意	で	あ	る	。	ま	た	人	間	の	思	い	つ	き	は	、
自	由	に	発	想	し	よ	う	と	し	て	も	ど	う	し	て	も	偏	り	が
出	る	。	い	っ	ぽ	う	で	、	コ	ン	ピ	ュ	ー	タ	に	と	っ	て	難
し	い	の	は	、	た	く	さ	ん	の	作	品	の	中	か	ら	優	れ	た	も
の	を	選	ぶ	こ	と	で	あ	る	。	人	間	の	す	ば	ら	し	い	創	造
性	は	、	こ	の	評	価	の	部	分	に	基	づ	い	て	い	る	。	し	た
が	っ	て	、	そ	れ	ぞ	れ	が	得	意	な	こ	と	を	分	担	し	、	共
同	し	て	物	事	に	当	た	る	の	が	よ	い	。	人	工	知	能	は	こ

れからも進歩していく。だから人間も、これまで以上に評価の能力を伸ばさないといけない。そのためには、さまざまな経験を積んでバランスの取れた知識をもち、何がよくて何が悪いかの判断力を養うことが大切だ。それが、これからの時代に必要な力である。

✎ 練習問題1-3

何かを思いつく能力において人工知能は人間よりも優れている。しかし、良いものを判断し評価する能力では人間のほうが優れている。これからは両者が得意とすることを分担し、共同していくべきだ。進化を続ける人工知能に負けないように、人間も知識や判断力を養い、評価の能力を伸ばさなくてはならない。

〈解説〉（1）人間と人工知能の得意／不得意は何か、（2）人間と人工知能はどのような関係を築くべきか、（3）そうした関係を築くべき理由は何か、（4）そうした関係を築くために何が必要か、に注意しましょう。

第10章
問題1
①　⇒　いらっしゃいました
②　⇒　お会いになりました
③　⇒　お帰りになりますか

問題2

① ⇒ 　申し上げましょう

② ⇒ 　お持ち（いた）します

③ ⇒ 　おります

問題3

① ⇒ 　です

② ⇒ 　描きました

③ ⇒ 　でございます

✎ 練習問題1

① 〔方〕　〔おっしゃってください〕

② 〔ご住所〕　〔ご存知ですか〕

③ 〔お帰りになりました〕

④ 〔お伝えください〕

⑤ 〔お宅〕　〔お酒〕　〔いただきました〕

⑥ 〔ただいま〕　〔出ております〕　〔お待ちください〕

⑦ 〔渡してくださいませんか〕

　〔かしこまりました〕　〔のちほどお渡しいたします〕

⑧ 〔ご説明いたします〕

✎ 練習問題2

① ⇒ 　どうぞこちらにお座りください。

② ⇒ 　ご記入がお済みになりましたら、受け付けにお渡しください。

③ ⇒ 　どうぞ皆さま、ご自由にお召し上がり／召し上がってください。

④ ⇒ 　こちらの商品、お持ち帰りになりますか。／お持ちになりますか。

⑤ ⇒ 　この薬はインターネットでもお求めになれます。

⑥ ⇒ 　ペットの犬が死にました。

⑦ ⇒ 　お飲み物は何になさいますか。

　〈解説〉⑤「買う」は「お求めになる」という形もあります。

✎ 練習問題3

① ⇒ 　明日、伺ってもよろしいでしょうか。

② ⇒ 　資料は拝見いたしました。

第11章・第12章・第13章・第14章　解答省略

第15章

問題1・2	解答省略

問題3	（　⑥　）→（　②　）→（　⑤　）→（　③　）→（　①　）

問題4	⇒　序論（はじめ）　・　本論（なか）　・　結論（終わり）

問題5	①	⇒	b	d	j
	②	⇒	g	h	k
	③	⇒	c	e	i
	④	⇒	a	f	l

✎ **練習問題1** 【解答例】

子どもについて　　　⇒　子どもの孤食について、子どもの遊びの今と昔

地球環境について　　⇒　日本の地球温暖化の現状、マイクロプラスチックと魚

SDGs について　　　⇒　日本の難民問題、世界から見た日本の男女格差

✎ **練習問題2**

① （ a ）　② （ b ）

✎ **練習問題3** 【解答例】

タイトル：現代社会と感染症には関係があるのか

1　はじめに

2　感染症の歴史

　（1）感染症とは何か

　（2）感染症の歴史

3　感染症の原因

　（1）野生動物に由来

　（2）ウイルスの変異

　（3）猿人類がホスト（宿主）に

4　現代社会の影響

　（1）開発から感染へ

　（2）移動により伝播

5　今後の対策と取り組み

　（1）感染症と社会の現状

　（2）分断からグローバルな連帯へ

6　おわりに